FIGARO BOOKS

新・パリでお昼ごはん

稲葉由紀子

TBSブリタニカ

新・パリでお昼ごはん　目次

36
18
26
31
37
24
19
40
18
9
10
38
41
14
1
2
42
15
3
4
3
20
12
28
20
23
1
11
7
19
29
32
27
30
6
8
4
10
39
11
6
21
5
9
12
2
13
16
14
5
33
13

この本で紹介したレストラン

1 ル・ド・ド・ラ・バレーヌ
2 ムッシュー・ラパン
3 ラ・ブランジュリ
4 ル・ヴァレ・ド・カロー
5 ラヴァン・グー
6 オ・バビロンヌ
7 ラフリオレ
8 オ・グルメ・ド・リル
9 オ・ブレッツェル
10 オ・ボン・サン・プルサン
11 レボショワール
12 ロストレア
13 レ・プティット・ソルシエール
14 ル・ゼフィール
15 アスティエ
16 オーベルジュ・エチェゴリー
17 ル・プティ・トロケ
18 ル・シナゴ
19 ミン・ショウ
20 シェ・ネネス
21 レ・ボンビス
22 ミュン・カ
23 ラ・ローブ・エ・ル・パレ
24 チャオ・バ・カフェ
25 ル・ステュブリ
26 オ・ネゴシアン
27 ル・カフェ・ド・ランデュストリ
28 ジュリアン
29 シェ・マリアンヌ
30 ル・バール・ア・スープ
31 カフェ・ド・ラ・ミュージック
32 シャルキュトリ・シャルル
33 ル・グルニエ・ア・パン
34 フェイルーズ
35 ラ・カンティーヌ・リュッス
36 マリスケイラ・オ・ベイラオ
37 ル・タンジェ
38 アフリカン・グリル
39 ヴァルタン
40 ル・パプリカ
41 ラオ・シャム
42 バーン・ボラン

●フランス料理　●フランス以外の国の料理　●軽食・惣菜

◎1ユーロは約117円（2002年4月現在）

フランスごはんの神髄を味わう10軒のレストラン

ウサギに辛子ソース、馬肉のタルタルステーキ、内臓ソーセージ。
フランスでしか食べられないご馳走がある。
気取った「フレンチ」じゃなく、庶民のフランス料理を味わってみよう。

マレ地区の住民が通う「クジラの背中」

ル・ド・ド・ラ・バレーヌ　*Le Dos de la Baleine*

マレ地区といっても、私の場合、ブティックの並ぶフラン・ブルジョア通りや賑やかなヴォージュ広場あたりではなく、西側のポンピドゥーセンター寄りの、ちょっとうら寂しい雰囲気の裏通りを一人でウロウロすることが多い。たいてい早朝割引の映画を見たあととか、デパートの「ＢＨＶ」で園芸用品を物色したあとで、まっすぐに家に帰るのももったいないから、軽いお昼でも食べようかな、というヒマで開放された状態のとき。

そのまま北に歩いて行けば、安い中国食堂の集まったグラヴィリエ通りがあるけれど、いつも安中華というのもなあ、などと考えつつ、レストランがあれば外に貼りだされたメニューを読み、ウインドウ越しに内部をうかがって、足取りはだんだん遅くなる。でも一人だから誰に気がねもなく、まことにくつろいだ気分。こんなときにいいレストランが見つかるのだ。

「ル・ド・ド・ラ・バレーヌ」を発見したときもそうだった。前から評判は聞いていたのだけれど、もっとマレの中心にあって晴れがましい店がまえのレストランだと思っていたので、ひっそりとした人通りの少ない路地に何げない顔で存在しているのが、とても好もしく感じられた。黄色いシンプルなファサードも、明るく入りやすそうに見える。

一人で食事するのに慣れている（つもりの）私でも、入りやすい店と入りにくい店がある。たと

手前が香草たっぷりの野菜のサラダ。奥はトマト味のラビオリ。

タルタルステーキも定食屋風ではなく、味つけに工夫がある。

えば、閉め切っていて中の様子がよくわからない店。入口に立った瞬間、客の値踏みをするように冷たい一瞥《いちべつ》を投げる店。案内をしてもらおうと立っているのに、いつまでも見えないふりをして放っておかれる店。逆に、気おくれを吹き飛ばすように「ボンジュール！」と笑顔で声をかけられると、もうすっかり安心してしまう。「ル・ド・ド・ラ・バレーヌ」の男の子たちの笑顔ときたら、ほんとうにほれぼれするほど気持ちがよかった。

入ってすぐのところにバーのカウンターがある。通りの見える窓際の席に座りたいな、と思ったけれど、そのまま奥の広いサロンに通された。ほの暗いピアノバーみたいな雰囲気で、あまり昼ごはん向きではないが、一人でも目立たずに食事ができるのはありがたい。14ユーロでワインつきの昼定食は軽くて工夫があって、すばらしかった。後でわかったのだが、窓側の席は毎日通ってくる常連たちの優先席みたいになっていて、カップルや初めての客は奥へ通されるらしい。

その窓際の席に、ある日たまたま座れることになった。

先客は、やはり一人で来ているちょっと気難しそうな女性客。毎日ここで食事をしているらしいことが、給仕の男の子との会話でわかる。下町の定食屋みたいに遠慮のないやり取りではなく、何げないが気がきいていて、軽い内容のおしゃべり。あとから入ってきた男性も顔なじみらしく、一言二言あいさつを交わしてから、彼は今日の料理を一皿だけ食べて忙しそうに出ていった。

野菜をきれいにまとめた昼定食の前菜は、外側のトマトの囲いを崩すと中からメロンや赤カブ、インゲンなどがこぼれ出して、宝石箱のような鮮やかさだ。メインのタルタルステーキは、珍しくクリームを少し加えたソフトな味つけで、カリッと焼けた皮つきジャガイモに囲まれている。軽い、調和の取れた味は、先ほどからこの場で交わされている優しい会話にそっくりだ。

デザートのサクランボのタルトを食べるころになって、やっと先客の女性と、どちらからともなく口をきくようになった。私は食べるスピードが早いので、いつの間にか彼女に追いついてしまっている。隙のない装いをした初老の、いかにもフランス女らしい優雅なものごしのその人は、「ほら、窓から見えるでしょう、あの向かいの塀が私の家なの」とゆったりと微笑んだ。
緑の木立に包まれたマレの邸に一人住んで、昼は海の女王のアンフィトリテのように「ル・ド・ド・ラ・バレーヌ（クジラの背中）」で若い男の子たちに微笑みかけられながら食事をする生活って、楽しいかどうかは別として、とりあえずカッコイイなあ。女一人で食事をするなら、実体はどうであれ、このくらいの貫禄を漂わせたいものだなあ、と深く感じ入ったのだった。

14ユーロの昼定食

Salade maraichère
野菜のサラダ

Steak tartare
タルタルステーキ

Fromage blanc au miel
蜂蜜入り白チーズ

1/4ワインまたはミネラルウォーター

Le Dos de la Baleine
40, rue des blancs-Manteaux 75004
☎01・42・72・38・98
ⓂRAMBUTEAU
㊌12時～14時30分、20時～23時
㊡土曜昼、1週おきの日曜、月
予算：夜定食27ユーロ

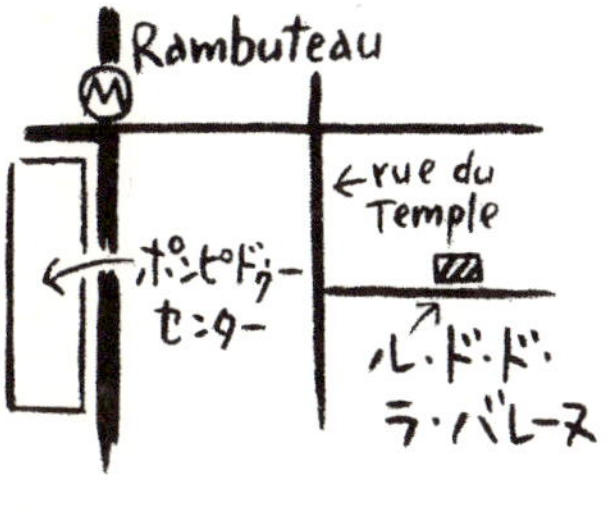

ウサギ料理は淡泊で脂肪が少ない

ムッシュー・ラパン **Monsieur Lapin**

私たちの以前住んでいたアパートのすぐ向かいは、エレール公園というこぎれいな公園になっていた。19世紀の館の向こうに雑木林や芝生のグラウンドが広がり、子供の遊び場はもちろん、小川や池、乗馬クラブに農場まである。子供たちが小さいころは、よく散歩に行って馬や農場の動物たちを眺めたものだった。

農場にいるのは牛、豚、山羊、そしてたくさんのウサギ。ミカン箱くらいのウサギ小屋がアパートのように並び、小屋には赤い目をしたウサギが一羽ずつ入っていて、無心に餌を食べている。小さな子供たちが金網越しにのぞき込み、「可愛いウサちゃん！」なんて呼びかけながら草をやったり、なでたりしている。

こんな牧歌的な情景のあとで朝市に行って、鳥肉屋の天井にずらっと吊るされた、毛のついたままのウサギ（の死体）を目にすると、われわれ日本人はそのあまりのギャップに唖然としてしまう。でも肉食歴の長いフランス人にとって、肉を得るために動物を飼うこととその動物を可愛がることは、なんの矛盾も違和感もないらしい。それに牛も豚もウサギも、農場の動物は食事の材料となるために存在しているのだ。私もいつのまにか、鳥肉屋のウサギに驚かなくなってしまった。

そもそもウサギは、農作物を荒らす悪い動物として昔から農民の目のカタキにされていた。だか

マッシュポテトの上にのったウサギの薄皮包み。熱々のプチパンが添えられている。

ウサギのテリーヌは香草入りで上品な味。

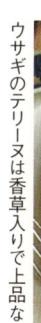

ら今も狩りのシーズンが始まると、大きな茶色の野ウサギがたくさん撃ち殺されて鳥肉屋の店先を華やかに飾る。この野ウサギは肉が赤く、臭みも強くて料理がなかなか難しい。

一方、食肉用に飼育されたふつうのウサギは、たいてい皮をむかれて赤裸の状態で店頭に並べられる。こちらは肉が白くて柔らかく、知らずに食べるとほとんど鶏肉のよう。軽い独特の匂いがあるが全体にあっさりと淡泊だから、ソースを工夫するのがシェフの腕の見せどころ。秋らしいキノコソースとか、こってりと深みのある辛子ソースなんか最高だ。

昔ながらの定食屋でウサギ料理を出すところもたくさんあるけれど、つい最近モンパルナスの近くで、珍しいウサギ料理専門レストランを見つけた。

その名も「ムッシュー・ラパン」。外のウインドウも店内も愛らしいウサギの人形や置物であふれ、メニューの表紙は「不思議の国のアリス」の時計を持ったウサギ。窓のゼラニュームの鉢の陰にもウサギ人形が潜んでいる。こんなメルヘンっぽい雰囲気のなかで平然とその可愛いウサギを切りきざみ、味わい、堪能するなんて、やっぱりフランス人ってかなりコワイ人たちだ。

でも前菜のウサギのテリーヌを口にしたら、そんな感想はどこかへ飛んでいってしまう。繊細で軽くて、まったく臭みのない極上の肉の味わい。エストラゴンやシブレットのほのかな香りが肉にからむ。淡泊なのにしっとりとして、豚とも鴨とも違うまろやかなうまみが口中に広がる。

メインにはもちろん「ウサギの辛子ソース」を取るのが常道だろうけれど、極薄のカリカリ皮にくるんだウサギの煮こみだとか、ウサギの薄切り肉とレバー炒めの盛りあわせとか、定食屋ではなかなか味わえない手のかかった料理を試してみるのもすてきだ。今や牛も豚も羊も、内臓を食べるのはかなり勇気のいる行為になってしまったけれど、ウサギならまだ大丈夫。内臓ファンはウサギで欲求不満を解消できるのだ。それに家庭でウサギを料理すると1羽に1個しかないレバーがいつも奪いあいになるけれど、この店では一人でたっぷり食べることができるし。前菜・メインと2皿ともウサギなんてクドそうだなあ、という食前の心配もまったく不要でした。

黒服の、ものごし柔らかなご主人の笑顔もなんだかウサギに見えてくる「ムッシュー・ラパン」の優雅なひととき。初めてウサギを食べる人には、ともかくおいしいレストランで初体験することが肝心、とアドバイスしたい。

28.50ユーロの定食

Terrine de lapin en gelée
ウサギのテリーヌ、ゼリー寄せ

Croustillant de lapin à la cuillère
薄皮に包んだウサギの煮こみ

Poire au vin, glace à la réglisse
ワイン煮の洋梨、甘草のアイスクリーム添え

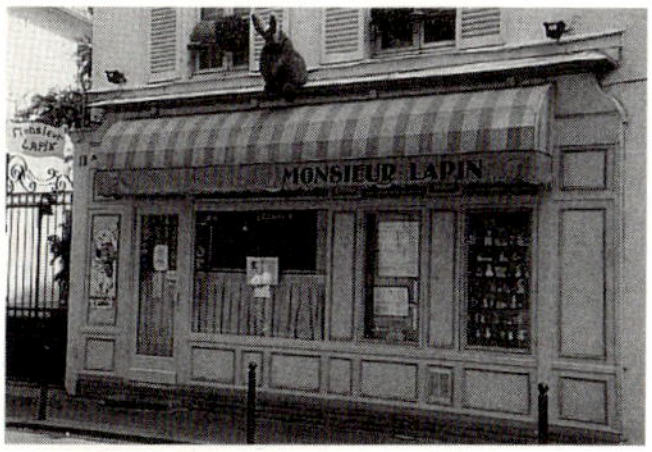

Monsieur Lapin
11, rue Raymond Losserand 75014
☎01・43・20・21・39
ⓂGAÎTE
㊌12時～14時、19時30分～23時
㊡月、火
予算：アラカルト38ユーロ～

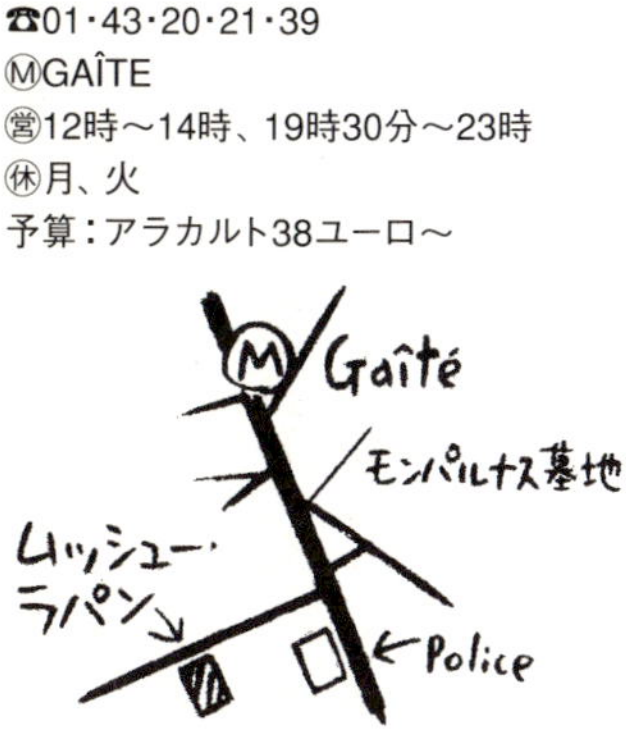

メニルモンタンの小粋な「パン屋」

ラ・ブランジュリ *La Boulangerie*

パリの街には、きれいなガラス絵やタイルで飾られた昔ながらのパン屋の店舗が今でもずいぶん残っていて、思わずあっと立ち止まって眺めてしまうことがよくある。

羽目板や戸袋の横の狭く限られたスペースに、はげかけた金色のふち取りに囲まれたキューピットや、花束や、四季の田園風景、収穫の一シーンなどが、ちょっと稚拙なタッチで描かれている。店内に入れば、売り場の奥に華やかなタイルのモザイクがあったり、色のさめたフレスコの天井画が残っていたりもする。こういうかにもパリらしい店舗装飾は、ほとんどが19世紀末から20世紀の初めにかけてのもの。パリの市民の生活が、その時期どんどん豊かに、余裕のあるものになっていったのがわかる。店舗装飾を専門にする職人たちの工房もいくつか存在したということで、ガラス絵をよく見ると隅にサインが残っている。

20区のメニルモンタンの丘のふもとに、「ラ・ブランジュリ（パン屋）」という名のついたレストランがある。名前から察せられるように、30年前まではパン屋として実際に使われていた店舗をそのまま再利用したもので、よろい戸を閉めたアパルトマンやなかば朽ちた家屋の並ぶこの辺の路地にはやや不似あいだけれど、シックな黄色にペイントされた感じのいい店だ。

安くておいしいので、都心からはずいぶん離れているのに、うわさに敏感な人たちが押しかけて

モザイクの床と真鍮のカウンター。階段の手すりも美しい。

色鮮やかな野菜のムース（手前）と、細切りズッキーニの前菜。

いるという評判を聞いて、どれどれと出かけていったのがもう数年前だった。

入口を入ったとたん、あ、と声を上げてしまったのは、足下に広がるみごとなモザイクの床を見たからだ。空のような明るい青色の地に、黄の濃淡で図案化された麦の穂が5本。「ラ・ブランジュリ」というロゴのまわりには真紅のケシがゆらりと伸び、青地のそこここにもケシの緋色が散っている。店内の壁や羽目板には、そのモザイクに合わせるように素朴なイラストが描かれているが、これはこの界隈《かいわい》のアーティストたちによって最近制作されたものらしい。昔のカフェを思わせる椅子やテーブルも、ランチョンマット代わりに敷かれている茶のハトロン紙も、みなシンプルでさりげなく、あでやかなモザイクを引き立てるために存在するかのようだ。

料理はうわさ通り、軽くてアイディアにあふれた楽しいものだった。ウサギのテリーヌには大粒のハシバミの実が入っているし、サラダのドレッシングには香りのよい粒辛子が混ぜてある。タイムやローズマリー、クミン、バルサミコ酢などの香料・調味料がふんだんに使われているが、使い方がじつに的確でさりげないから、いたずらに素材の味を邪魔することがない。最近食べた「豚ヒレ肉の蜂蜜ソース」は、カリッと焼けた柔らかい豚肉に薄甘いソースが控えめにからんでいて、皿のまわりに振りかけられたシナモンの香りがほのかに漂うのだ。

難点は、小さな黒板に書かれた昼のメニューが読みづらく、ちょっとわかりにくいこと。8・5ユーロ出すと「今日の料理」が、10・5ユーロで「今日の前菜」+「今日の料理」または「今日の料理」+「今日のデザート」が食べられる。12・5ユーロになると、「前菜」+「メイン」+「デザート」の3品が食べられる。まず、今日は自分が何品食べるつもりかを決めると、ラクかもしれない。

美しく居心地のよい「パン屋」のレストランはファンが多く、昼も早めに入らないといっぱいになってしまう。でも都心の有名レストランみたいに「予約がないと困ります」なんて偉そうな態度をとらないところが、とても私の趣味に合っている。サービスの若者たちも気さくで親切。

いつだったか、のんびり一人で定食を食べていたら、さっそうとしたアメリカ人の女性カメラマンが「グルメ雑誌××の取材ですが、協力お願いします」と言って、黒板を眺めている私を撮影していった。アメリカ人もがんばっているなあ、なかなか趣味が合うじゃない、となんだか戦友に会ったように嬉しい気分になったのだった。

12.5ユーロの昼定食

Mousse de légume
野菜のムース

Mignon de porc au miel
豚ヒレ肉の蜂蜜ソース

Gâteau au chocolat
チョコレートケーキ

La Boulangerie
15, rue des Panoyaux 75020
☎01・43・58・45・45
Ⓜ MÉNILMONTANT
㊔12時～14時（日曜は12時～15時）、19時30分～23時（金・土は24時）
㊡土曜昼
予算：夜定食18ユーロ

三角広場のレストランで「テンプラ」を食べる

ル・ヴァレ・ド・カロー　Le Valet de Carreau

小さな三角形の広場がある。建築家や都市計画家の手で設計されたものではなく、昔ながらの路地が勝手に集まったり交差したりしているうちに、なりゆきでちょっとずれてしまっていつの間にか広場になった、という印象のもの。地図上はデュプティ・トゥアール通りの一部であって、広場としての名前すらない。

それでも石畳の上には、おなじみの古風な広告塔と、緑色の鋳鉄の水飲み場、ガス燈を模した街灯が一人前に置かれていて、ひょろひょろと伸びている裸のマロニエに緑の葉が茂れば、これはいかにもパリの街角、と観光客の喜ぶ景色になりそうだ。

奥の路地に並ぶ布問屋や組紐の卸し商は、いったい営業しているのかいないのか、シャッターをぴたりと閉ざしてしんと静まりかえっている。通りを一本はさんだ北はもう、巨大な女神像を中央に戴くレピュブリックの広場で、ときどきクラクションやタイヤのきしる音が風に乗って、静かなこの三角広場にまで流れてくる。

パリでいちばん古い歴史を持つアンファン・ルージュの市場が、改装され再開したという話を聞いてさっそく見学に行き、ついでにすぐ北のタンプル市場まで足をのばして、私も夫もすっかりお腹が空いていた。タンプル市場の、みごとな19世紀の鉄骨とガラス屋根の建物をぐるっと回った先

テンプラは、キャベツ入りとカレー味ジャガイモ入りの2種類。

焼いた鮭に、バターをたっぷり使った長ネギのフランが香ばしい。

に、その三角広場がひっそりとあったのだ。

こんなに空腹のときは、どんな風采のあがらないカフェでもいいから飛びこみたい。揚げたてのジャガイモを添えたステーキか、野菜いっぱいの煮こみでもあれば、それでじゅうぶん幸せ、という心境になっている。だから三角広場の正面に、まるであつらえたみたいに、緑と淡紅色に塗りわけられた可愛らしいレストランがあったのには、感激した。森の中の3匹の熊の家にたどり着いた少女のような心持ちである。

静かな店内からは、さっき見上げていたタンプル市場のガラス屋根が目前に見える。

そして12ユーロの昼定食に出てきたのは、ステーキどころか、アンチョビーをあしらったさわやかなルッコラのサラダと、長ネギのフラン添えのサーモンという、意外に工夫のある2品だった。バターの香り高いフランが口中でふわりと溶け、カリッと焼きあがった鮭を囲むピンク色のソースはまるで天鵞絨《びろうど》のように滑らか。

夫は、前菜の中になんと「テンプラ」という一皿を発見し、勇んでそれを注文した。それは、さすがに私たちの考えるテンプラとは趣が違ったけれど、たっぷりの野菜をギョウザの皮で包んでカリッと揚げた一種の春巻のようなもので、ホロッと軽く、たいへん口あたりがいい。舟形のプラスチック容器に盛られているのもご愛嬌。そういえばメニューの中には醤油味の鶏料理なんていうのもあったから、きっとシェフはアジア料理にかなり関心を持っている人なんだろうな。

お腹がくちくなって気分に余裕ができ、あらためて店内を見回してみると、濃い赤に塗られた壁には真っ青な海の絵がかかり、窓には豹柄のカーテン。マレやバスティーユあたりでよく見かける、ちょっとエキセントリックな、いかにも若者っぽい趣味でまとめられている。口数の少ない黒い肌の青年が、手ぎわよく料理を運んできてくれる。

19世紀のパリの匂いを濃厚に残したこの三角広場にも、こうして無国籍化の波は押し寄せていて、ステーキ好きのフランス人も思わずテンプラを食べてしまう時代になった。
けれど、新しいもの好きで、今までにもアフリカ、中国と貪欲に吸収してきた人たちのことだから、そして同時に17世紀から続く市場を改修していつまでも使っていこうとする人たちのことだから、無国籍化なんかに動揺するはずがない。この三角広場のレストランのように、気の向くままに取りいれ、いずれみごとに消化していくに違いないのです。

12ユーロの昼定食

Tenpura
テンプラ（春巻の盛りあわせ）

Escalope de saumon, sauce rouge et flan de poireaux
サーモンの薄切り、長ネギのフラン添え

Le Valet de Carreau
2, rue Dupetit Thouars 75003
☎01・42・72・72・60
ⓂTEMPLE
㊫12時〜14時30分、19時30分〜23時
㊡日
予算：定食28ユーロ、アラカルト30ユーロ〜

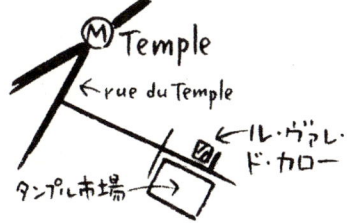

イタリー広場の「要・予約」レストラン

ラヴァン・グー　*L'Avant Goût*

街をぶらつくのも、映画を見るのも、旅に出かけることさえも、予定を定めず気の向いたときにふらりとやりたいほうである。

だって窓を開けたとき太陽が輝いているかどうかで、行きたい場所だって変わってくるでしょう。だから飛行機や列車の予約が必要なところ以外は、基本的にこの「思い立ったが吉日」方式でいくことにしている。ありがたいことにパリという街では、かなりそんなワガママが許される。

昼ごはんなら、なおのこと予約なんかしたくない。お腹の空きぐあいを確かめながら店を物色し、メニューを検討して、思惑通りのごはんにめぐりあったときの満足感。逆に、ガイドブックであらかじめチェックしておいたレストランだって、店の前に立ったら「ちょっと雰囲気がイヤだな」と思う場合もあるし、黒板の「本日の料理」が気に入らないことだってある。だから私のこのガイドも、できるだけ事前予約なしにフラッと入って食事できる店を選んでいるつもりだが。

じつは、パリの「ボン・ラポール・カリテ・プリ（値段のわりに質のよい）」と評判の高い店に関しては、それが通用しないことが多い。

こういうレストランは、名店で修業を重ねた若いシェフが仕切っていて、開店当初から雑誌や料理評論家たちの注目を集めている。そしてあわよくばミシュランで一つ星、と野心満々だから、手

濃厚な赤ワインソースの中に浮かぶアンドゥイエットの薄皮包み。

豚の頬肉の煮こみは、厚い鉄のココット鍋ごとテーブルに出る。

を抜かない、才気のあふれた料理を安い値段で食べさせてくれる。その結果、耳が早くて舌の肥えたパリの美食家たちが押しよせて、予約はつねにいっぱい。開店と同時に飛びこんでも、「予約していない？　お気の毒ですが、もう満席で……」と肩をすくめられてしまう。

13区にある「ラヴァン・グー」の場合がまさにそれだった。

この手のレストランには珍しく、イタリー広場の近くというまるきり庶民的な場所に店をかまえているし、昼には10・60ユーロの安い定食もある。予約がなくても早い時間に入れば大丈夫だろう、という予想は甘く、厳しい表情のマダムに、とんでもないという反応で首を振られてしまった。悔しいので、日を改めてこんどは閉店間際に挑戦してみたが、やはり相手にしてもらえなかった。

残念だけれど、こういうときはしぶしぶ電話をかけます。朝の10時ごろに「今日の昼の予約が取れますか」と恐る恐る聞いてみたら、なあんだ、二つ返事でＯＫだった。当日でも予約可能とは。

というわけで、晴れて「ラヴァン・グー」の正式の客となる。

ふつうはお昼用のいちばん安いコースをまず試すのが私の流儀なのだけれど、せっかく予約までしたのだから、と看板の26ユーロのコースにする。注文してからふと気がつくと、まわりの人は全員がこの高いコースを食べていて、昼定食なんか食べている人は一人もいやしない。なるほど、予約の効果はこの辺にあるのか。

ところが、前菜の「アンドゥイエットとホウレンソウの薄皮包み」を口に含んだ瞬間に、昼定食への執着はどこかへふっ飛んでしまった。パリッと薄い皮に包まれたホウレンソウの柔らかさ。そして皮にしみこんだ肉汁の香ばしさの陰に、気のせいかな、というくらいほのかにアンドゥイエットの独特の匂いが顔を出す。ひとつの料理の中で、複数の香りと複数の触感をここまできわ立たせられるなんてすごい。

メインはさらにシェフの面目躍如たるものがあった。柔らかく、崩れるほどに煮こんだ豚の頬肉が、鉄鍋の中でえもいわれぬ芳香を放っている。よく煮えた小玉ネギと、コリッと歯ごたえを残したキノコ、そしてアルデンテにゆでられたペンネが同居している。そういえば豚の煮こみ料理はこの店の看板で、ウイキョウを何個もまるごと入れた豪快なポトフも大評判だ。豚肉料理というと脂っぽいヘビーなものをつい想像してしまうけれど、この店の料理はとにかくハーブ類が大胆に使われていて、香りを楽しみながら最後まで飽きずに食べられてしまう。

料理が一段落したころ、あいさつに出てきてテーブルを回るシェフのボーフロンさんに、「誰も昼定食なんて食べていないじゃない」とからんだら、「でも私たちはこの場所で、安い昼ごはんを食べに来るお客さんを大切にしたいから」と、嬉しいセリフを吐いてくれた。

次回はきっと昼定食を試しますよ、ボーフロンさん。

26ユーロの定食

Croustillant d'andouillette et d'épinard frais,
jus de viande au vin rouge
アンドゥイエットとホウレンソウの薄皮包み

Joue de cochon, oignons, pleurotes et pennes
豚の頬肉の煮こみ

Choud froid moelleux au chocolat, glace vanille
温かいチョコレートケーキとヴァニラ・アイスクリーム

L'Avant Goût
26, rue Bobillot 75013
☎01・53・80・24・00
ⓂPLACE D'ITALIE
㊞12時〜14時、20時〜23時
㊡土、日、月
予算：デギュスタシオンメニューは38ユーロ〜、
アラカルト28ユーロ〜

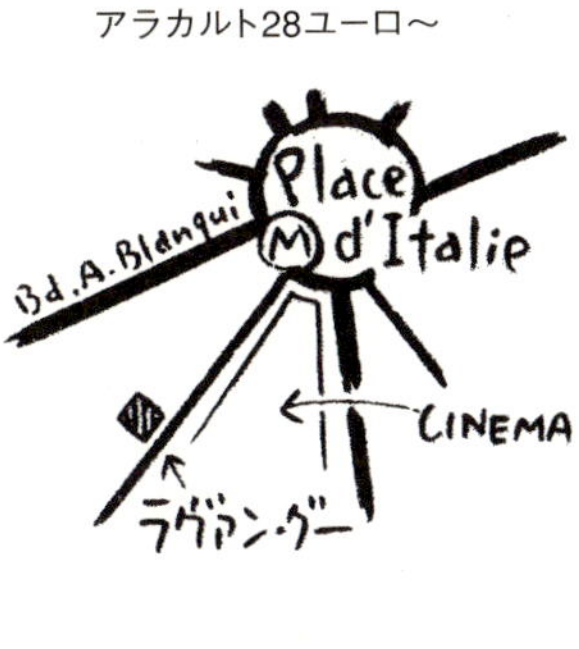

バビロンヌ通りの定食屋は昼だけ営業

オ・バビロンヌ　*Au Babylone*

10年来の友人でカメラマンのユタカさんが、もの好きにも首相官邸の隣のアパートに引っ越した。官邸には、当然ながらしょっちゅうデモ隊が押しよせ、そのたびにまわりの道は車両通行止めである。引っ越しの当日にも運悪く大がかりなデモがあって、トラックは道の手前までしか入れず、おまけに警備の警官にまで「こんな日に引っ越しするなんて非常識」と怒られて、さんざんだったそうだ。引っ越してすぐ、ユタカさんはカメラマンの足であるはずの車を売ってしまった。

だいたい7区のヴァレンヌ通りからセーヌ河岸にかけては官公庁が多く、高級・下級官僚やその秘書たちがウロウロする鼻持ちならない地域である。レストランは気取っていて高いし、食料品を買うのだって「エディアール」かデパートの「オ・ボン・マルシェ」くらいしかない。

「いったいどこでごはんを食べるの」と心配して訊いたら、ニコニコして教えてくれたのが「オ・ボン・マルシェ」の裏の定食屋「オ・バビロンヌ」だった。そういえば、私もだいぶ前にバビロンヌ通りあたりで昼食をしようとウロウロしたすえ、飛びこんだのがまさにその「オ・バビロンヌ」だったことを、彼の話で急に思い出した。

「オ・バビロンヌ」は、この界隈《かいわい》にちっとも似あわない店である。つまりとても下町っぽい、庶民的な店なのである。といっても、黄色にペイントされたファサードはなかなか可愛げがあるし、高

豚肉のローストと柔らかく煮たレンズ豆に肉汁ソースがたっぷり。

カウンターに集まる常連客たち。和やかな雰囲気です。

い天井のクラシックなふち飾りも、床の碁盤模様のタイルも、昔ながらの定食屋の典型的スタイルをしっかりと踏襲していて、5区の「ペローダン」とか6区の「ポリドール」みたいに観光ガイドで紹介される有名店になったって、少しもおかしくはないのだが。

この店の下町っぽさの原因は、なんといっても店で働く人たちにある。一度や二度食べに来たくらいでは笑顔を見せてくれない、大臣だろうが有名人だろうが満席のときは「今日はダメ」とニベもなく追い返しそうな、こわもてのおばさんやおねえさんがいつも給仕をしている。きっと母娘、姉妹といった家族のメンバーだけで運営しているんだろう。お世辞はないけど率直で、そっけないようでいてよく気がつく。7区的営業笑いを見慣れていると、この気取りのなさは爽快だ。

前菜、主菜、デザートにワインのついた昼定食が17・50ユーロ。今日の料理を一皿だけ食べてすぐ帰る忙しい客もけっこう多い。「豚肉のロースト、レンズ豆添え」とか「牛肉とニンジンの煮こみ」「マッシュポテトつき黒ブーダン」など、料理の内容もまったく庶民的だが、しっかりもののお母さんが作る料理みたいに、手抜きがなくてしみじみとおいしい。

それがいちばんよくわかるのが、デザートの果物のコンポートだ。と言っても、単にリンゴや西洋梨などの季節の果物を、形がなくなるまで煮こんだだけのもの。色もべつに美しくないし、ホイップクリームもミントの葉も添えられていない。ただのガラスのコップに入って、ちょっと見たところはまるで学校給食のデザート。でも、そのほどよい甘さと果物の自然な味わいが、いかにも昔風の、家庭でしか味わえない手作りの味なのである。常連たちにはたいへんな人気で、おそくレストランに到着するとたいてい品切れになっている。

夏期は道路に面したテラスがすっかり開け放たれ、向かいの教会の白い壁が陽射しを反射してまぶしい。車の音が少々うるさいけれど、ときどき鐘の音も聞こえてくる。7区風のきちんとしたスーツ姿の客も、ゴム草履ばきの学生も、お年寄りのカップルも、通りの騒音に負けないように大声で談笑していて、下町的賑わいは時間がたつにつれて盛り上がってくる。常連客はデザートが終わると席を立ち、入口のカウンターに行って雑談をしながらコーヒーを飲み、ついでに勘定を払って出ていく。だからカウンターのまわりには、食前に一杯やる人はもちろん、煙草を吸い、話をする人たちがいつも押しあいへしあいだ。

こんなに頼もしい「オ・バビロンヌ」だけれど、戦場のような賑わいは昼だけで、夜は残念ながら店を閉めてしまう。ユタカさんは仕方なく、自分で夕食を作っているらしい。

17.50ユーロの定食

Crudité
生野菜の盛りあわせ

Rôti de porc au lentille
豚肉のロースト、レンズ豆添え

Compote de pomme
リンゴのコンポート

1/4ワイン、またはミネラルウォーター、またはビール

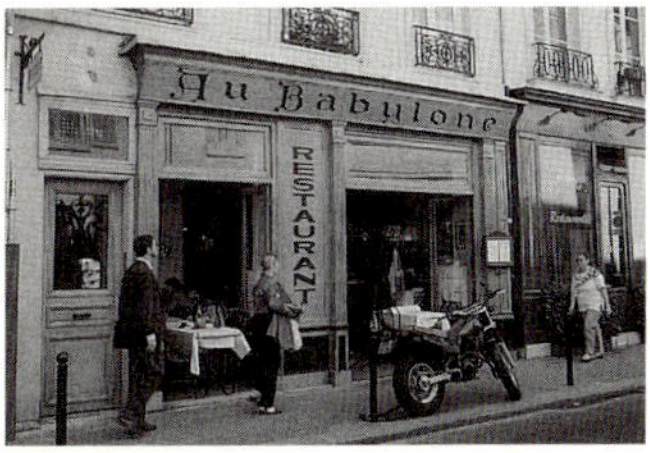

Au Babylone
13, rue de Babylone 75007
☎01・45・48・72・13
ⓂSÈVRES-BABYLONE
㊢12時〜15時
㊡日
予算：アラカルト23ユーロ〜

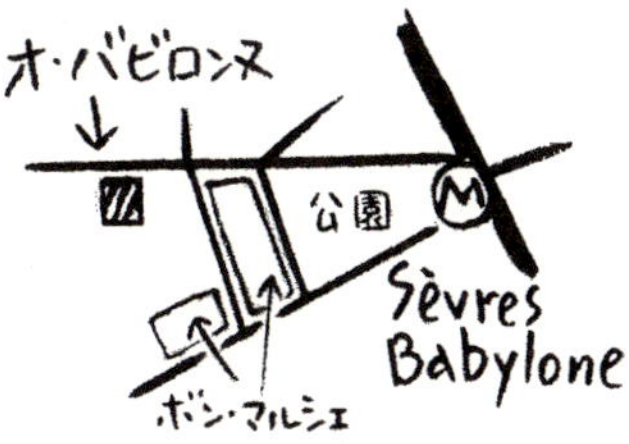

魚料理とクリームの微妙な関係

ラフリオレ　L'Affriolé

ノルマンディ地方の海岸を旅行したときのこと。

活きのいい魚がたっぷり食べられると張りきっていたのに、そしてたしかに魚の活きはとてもよかったのに、レストランで出会う魚はみなクリームソースの海の中に沈んでいた。ああ、このヒラメを（スズキを、タイを）塩焼きにして大根おろしと醤油で食べたら、と何度思ったことか。

新鮮な乳製品を大量に産するノルマンディだから、料理には当然バターやクリームがたっぷりと使われる。ミシュランで星のつくようなレストランなら、流行の軽い料理を取り入れたり、イタリアンの影響を受けたりもするだろうけれど、旅行者相手のふつうのレストランでは、とにかく濃いクリームを目いっぱい入れて、ノルマンディらしい伝統的料理に仕立てようとする。けっしてクリームが嫌いというわけではないのだが、連日クリーム攻めにあうと、最後は匂いを嗅ぐのもうんざり。もともと乳製品に弱いウチの夫はすっかり音をあげて、パリに戻ってからも、レストランでは魚をほとんど頼まなくなってしまった。

淡泊な魚介類は、南仏風にオリーブ油と香草で調理したほうがずっとおいしい、と、その旅以来ずっと確信を持っていたのだけれど、つい最近、7区のマラール通りにあるレストラン「ラフリオレ」で、その思いこみをまたしても揺るがすような魚料理に出会うことになった。

冷たいワタリガニのスープ。モザイクのテーブルに料理が映える。

そら豆を敷いたタラのロースト(右)と子羊のベーコン巻き(左)。

気楽なビストロ風で、むきだしのテーブルにじかに皿やナイフ・フォークを並べたラフなスタイルのこの店。よく見ると、テーブルには金をあしらったきれいなモザイクが施され、つきだしの赤カブと塩をのせた皿が映えて絵のように美しい。田舎パンを入れた布張りのパン籠もおしゃれで、この何げなさがじつは、行きとどいた神経によって細部まで演出されたものだとわかる。

料理にもまた、この細やかな心づかいがいたるところに見受けられる。

まず驚かされたのは、前菜の「冷たいワタリガニのスープ」だった。スープには目がなくて自分でもよく作るけれど、プロの作るスープには、家庭では不可能な贅沢な工夫が凝らされている。このワタリガニのスープはまさにその好例だった。カニとクリームのこってりとした味わいが泡と共にフッと消えて、一さじ喉に送りこむとまた次が欲しくなる。明らかにクリームたっぷりなのに、なんという軽さ。泡立つ卵黄色の液体の中には、小口切りにした緑のアスパラガスとキュウリ、薄切りのチョリゾ（スペインの唐辛子ソーセージ）がたくさん隠れていて、それぞれの歯ざわりと風味の違いがまた楽しい。

メインの魚料理は、タラの一種の大きな切り身をキツネ色にカリッとローストしたものだったが、この皿にもクリームソースがあしらわれていて、ノルマンディを思いだし一瞬ギョッとなる。けれどこのソースも軽く、ひたすら軽く、つけあわせのそら豆やカリカリに揚げた輪切り玉ネギにそっとからんで、いたずらに自己主張することがないのだった。

クリームもバターも、コレステロール過剰の現代ではひたすら悪者にされてしまうけれど、要は使う量と使い方なのだ。「ラフリオレ」の機知にあふれたクリーム攻勢で、この単純な理屈を教えられて、クリームに対する過剰な嫌悪感がなくなったのはありがたいことだった。

2年前から「ラフリオレ」を取りしきるオーナー・シェフ、ティエリー・ヴェロラ氏は、サンドランス、デュケノワといったビッグネームの下で働き、今でも彼らの信望が厚いという、若く優秀な料理人。日本にも何度か仕事で行ったことがあるそうだ。「ラフリオレ」は彼の力で、新しく若々しくよみがえったと、この世界ではもっぱらの評判らしい。

ところでこの夏、日本の友人と一緒にノルマンディ旅行に出かけた夫は、「用心したからクリーム料理は取らないですんだ」と、しごく満足げな表情で帰宅した。彼はどうやら、生涯クリーム抜きで過ごすつもりらしい。

19ユーロの昼定食

Crémeux d'étrilles glacé aux asperges et concombre
冷たいワタリガニのスープ

Viennoise de lieu jaune, ragoût de fèves au lard
タラのロースト、そら豆添え

グラスワイン

L'Affriolé
17, rue Malar 75007
☎01・44・18・31・33
㊊PONT DE L'ALMA, ⓂINVALIDES
㊖12時～14時30分、19時30分～23時
㊡日、月
予算：夜定食29ユーロ、アラカルト38ユーロ～

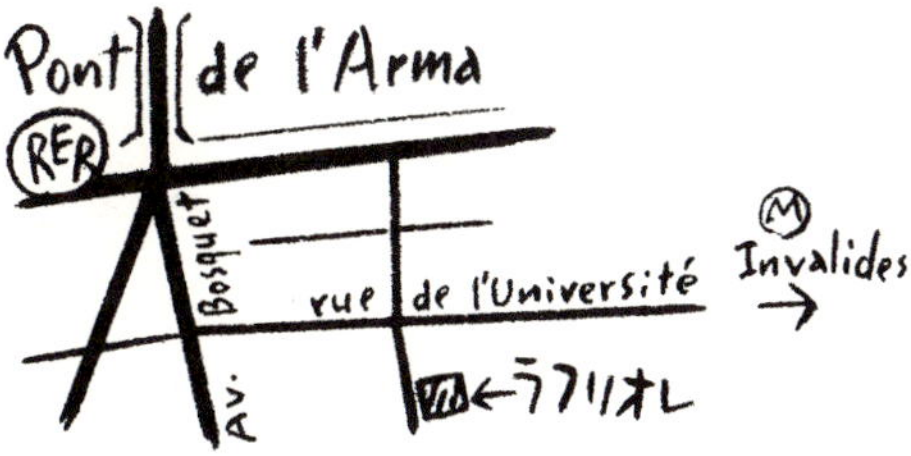

アンドゥイエット愛好家協会公認レストラン

オ・グルメ・ド・リル　Au Gourmet de L'Isle

　気候がよくなってくると、パリの街のあちこちに移動遊園地や露天ののみの市が店開きして、戸外をそぞろ歩くのがいっそう楽しくなる。手回しオルガンの、のどかな調べ。メリーゴーランド。綿アメの甘ったるい匂いにまじって、クサヤに似たちょっと異様な、しかし食欲を刺激する匂いが漂ってくるのは、アンドゥイエットを鉄板で焼いているのだ。

　豚の腸や胃を細切れにして羊腸に詰め、何時間もかけてゆで上げた内臓ソーセージのアンドゥイエットは、フランス人のたいへん好むお惣菜のひとつ。定食屋のメニューにもよく登場する。カリッと焼けたアンドゥイエットに辛子ソースをかけ、フライドポテトを添えて食べるのが一般的だが、大量の玉ネギといっしょにじっくりと炒めたのを玉ネギごとバゲットのサンドイッチにはさんだ屋台のアンドゥイエットも、ボリュームたっぷりで迫力がある。のみの市を冷やかしながら立ち食いするときは、これに限る。

　アンドゥイエットは、シャンパーニュ地方の町トロワの名物ということになっている。16世紀末のユグノー戦争のとき、旧教徒軍のたてこもったトロワの城を国王の軍隊が包囲したが、兵隊たちが名産のアンドゥイエットを味わうのに夢中になって攻撃の手をゆるめたため、旧教徒軍の反撃にあい敗退したという有名な逸話もある。土ぼこりと硝煙と兵士の汗の臭いのたちこめる戦場でもア

ふつうつけあわせはフライドポテト。この店のように赤インゲンを添えるのは珍しい。

生の白アスパラガスは春しか味わえない。

ンドゥイエットの強烈な匂いは目立ちそうで、このエピソード、なかなか説得力がある。フォアグラやカキではこうはいきません。

今でも、スーパーや豚肉製品屋で売っているアンドゥイエットはたいていトロワ産。最近、白ワインで有名なシャブリ産のアンドゥイエットというのを味わう機会があったけれど、さっぱりとして臭みの少ない、上品な風味のアンドゥイエットだった。あまり内臓が得意でない人には、このほうが食べやすそう。

フランスにはアンドゥイエット愛好家協会（A.A.A.A.A.）という冗談みたいな団体があって、水準以上の味であると認めたアンドゥイエットには協会認定の賞状を発行している。レストランやお惣菜屋でこの5Aの印を見かけたら、そこのアンドゥイエットは間違いなく美味であると思っていい。

たとえば、サンルイ島の中央を走るサンルイ・アン・リル通り42番地にあるレストラン「オ・グルメ・ド・リル」。窓に大きくこの5つのAの看板が掲げられて、アンドゥイエット好きは思わず立ち止まってしまう。赤インゲンの煮こみを添えたアンドゥイエットは焼きぐあいもほどよく、シコシコと歯ごたえのあるのを噛みしめるほどに、臓物の深い味わいが口中に広がって、さすが5Aの貫禄。おいしいアンドゥイエットは、臭みが最後まで不愉快に感じられないところがいい。お汁粉みたいに柔らかく煮えた赤インゲンも、内臓臭さを和らげるのに役立っているようだ。アラカルトで頼むと19・50ユーロのアンドゥイエットが、昼定食では前菜かデザートがついて、さらにグラスワインまでついて15・25ユーロだから、これはたいへんお得です。

木組みの天井にむきだしの太い梁《はり》が印象的なこのレストラン、一階は家庭的にこぢんまりと整えられているけれど、地下に下りると17世紀のカーヴを改造した大きなサロンがあって、この辺の建物がみな、何百年も前に造られた歴史的建造物だということに思いあたる。

それにしても、一頭の豚をすみからすみまで大事に利用し食べつくす、フランスの食の伝統には脱帽するしかない。臓物類が好きだと言うと、日本ではすぐ悪趣味だとかゲテモノ食いだとか言われてしまうのだけれど、何時間も何日も下ごしらえに時間をかけ、香辛料や酒をふんだんに使って異臭を独特の風味にまで変化させたこの国のソーセージや煮こみの数々を味わっていると、むしろ「洗練」とか「文化」という言葉こそがふさわしいと思えてくるのです。

15.25ユーロの昼定食

Asperges fraiches
温かい白アスパラガス

Andouillette de l'AAAAA, haricots rouges
5A印のアンドゥイエット、赤インゲン添え

グラスワイン

Au Gourmet de L'Isle
42, rue Saint-Louis 75004
☎01･43･26･79･27
ⓂPONT MARIE
㊢12時〜14時、19時〜22時30分
㊡月、火曜昼
予算：定食25.60ユーロ、30.20ユーロ、アラカルト35ユーロ〜

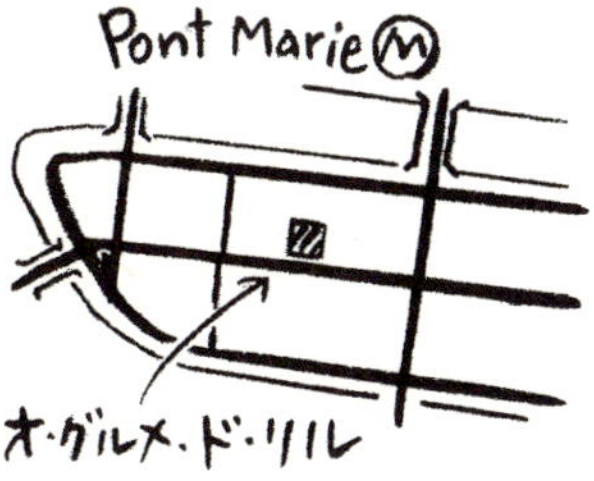

アルザス地方のピッツァ、フラメンクッシュ

オ・ブレッツェル　Au Bretzel

アルザス地方を旅行してきた友人に旅の感想を聞いたら、「あまりフランスらしくなくて、なんだか好きになれなかった」という答えが返ってきた。

ドイツと国境を接した位置にあるアルザス地方は、たしかに、建物にも食べものにも人間の顔つきにも、ドイツ的な要素が色濃く感じられるところだ。だいたい駅や道路やトイレが、フランスとは思えないほど清潔である。国境の街ストラスブールでは多くの市民が仏・独二カ国語を話すし、カフェやレストランで人々が飲んでいるのもビールに白ワインだ。

長いあいだドイツ・フランス両国の係争の地であり、何度かドイツ領になったこともあるせいか、フランス人はこの地方に対して特別の愛着を持っているように見える。中でもアルザス名物のキャベツの煮こみ「シュークルート」は、フランスの国民料理と言ってもいいくらいに愛されていて、パリのブラッスリーではたいていこれが看板料理になっている。

モンパルナス大通りから少し入った横町にアルザス料理店「オ・ブレッツェル」を見つけたのは、たしか数年前の夏の盛りのことだった。

こぢんまりとした気楽そうな店がまえに魅かれて中に入ったのだが、真夏にシュークルートというのもなんだか暑そうなので、いちばん安い昼定食を注文した。メインのドイツ語風の料理名が読

クレープと同様、この生地にリンゴや果物をのせて焼いた甘いフラメンクッシュもある。

外観はあまりアルザス風ではありません。

めず、きっとソーセージかハムのようなものだろうと夕カをくって待っていたら、登場したのはなんと、30センチほどもある大皿にのった薄ーいピッツァだった。

アルザス料理でピッツァというのも思いがけなかったけれど、メインだというのに、ただの小麦粉の生地の上に細切れベーコンと炒めた玉ネギがパラパラ散らばっただけの愛想のなさ。ちょっとがっかりしながら食べ始めたのだが、これが見かけと反対に、信じられないほどおいしくて二度びっくりしてしまった。手でつまんで口に入れるとサクサクと軽く、それでいてパイ皮ほど油っこくない。炒めた玉ネギはしっとりと香ばしく、ベーコンの塩味とコクが全体の薄味を引きしめて、すべての要素が、これ以上でも以下でもダメという絶妙なバランスの上に成りたっている。

大柄な、いかにもアルザス人らしい雰囲気の女主人のルネさんによれば、これは「フラメンクッシュ」という舌を噛みそうな名前のついたアルザス独特のタルトで、ふつうは前菜にするものらしい。そういえばアルザスではオニオン・タルトやキッシュ・ロレーヌなど塩味のタルトをよく食べる。でも私が旅行したときは、こんな軽い繊細な味にはめぐり会えなかった。このタルト生地にはルネさん独特のコツがあるのかもしれない。

イタリアのピッツァのようにチーズをのせた「フラメンクッシュ・グラティネ」というバリエーションもなかなかいい味だが、私はやはりベーコンと玉ネギだけのシンプルな「トラディショネル」が好き。簡単なサラダかソーセージの前菜にこのフラメンクッシュがついた12ユーロの昼定食がすっかり気に入ってしまい、その後も「オ・ブレッツェル」に行くとこの定食ばかり食べている。空腹だったらフラメンクッシュを前菜にして、メインにシュークルートを取るのがいい。

そのうち、このアルザス・ピッツァを売りにしたチェーン店なども各地で見かけるようになったから、もしかしたらフランスではこれが静かなブームとなっているのかもしれない。けれどこれらチェーン店のピッツァは、いかにも規格品らしいしつこい安っぽい味で、ルネさんのフラメンクッシュとはぜんぜんくらべものにならない。
ドイツっぽくヘビーなソーセージやシュークルートと、繊細なピッツァが同時に味わえるアルザス。木組みの家々の向こうに奇怪な赤い大聖堂のそびえるストラスブールをまた訪ねて、アルザス・ピッツァを食べくらべてみたいものです。

12ユーロの昼定食

Salade de cervelas
薄切りソーセージのサラダ

Flammenküche tradetionnel
フラメンクッシュ・トラディショネル

Au Bretzel
1, rue Léopold Robert 75014
☎01・40・47・82・37
ⓂVAVIN
㊔12時〜14時30分、19時30分〜22時30分
㊡日、月
予算：定食20ユーロ、アラカルト23ユーロ〜

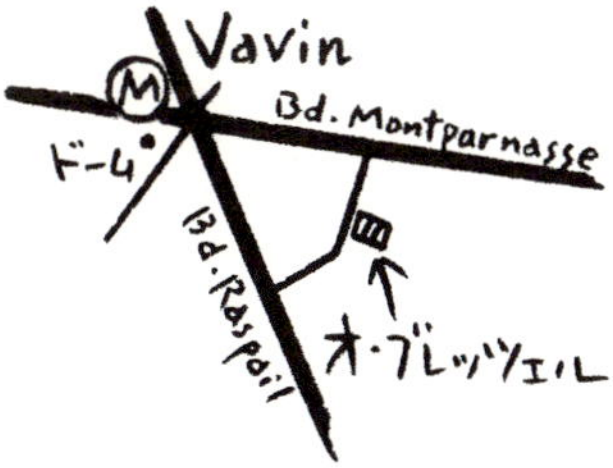

ワインの産地の名前がついた定食屋

オ・ボン・サン・プルサン Au Bon Saint-Pourçain

ロワール河というと、すぐトゥールやオルレアンの町、それにルネサンスのお城を思い浮かべてしまうけれど、もっとずっとずっと上流の、河が二筋に分かれてアリエ川となったあたりの左岸、少し行けばもうオーヴェルニュ地方という田園地帯のまん中に、サン・プルサンの村がある。

ロマネスク彫刻を撮影する友人につきあって、この村を一度だけ訪れたことがある。小さな古い教会があるだけの、死んだように静かな田舎の村だったが、晩酌用のワインを買おうと食料品店に入ったら、その店の棚に並んでいるのは地元サン・プルサンのワインばかりだった。それも、みなおそろしく値段が安い。そのころ我が家のふだん用ワインが30フラン程度だったはずだが、サン・プルサンはその半分くらいではなかったか。現地で飲む酒は安くてもたいてい美味なので、何種類か買って宿でさっそく飲んでみたが、若くて頼りない、おいしいとはいえないワインだった。

パリに帰ってからも、スーパーや酒屋で出会うサン・プルサンはどれもガッカリするほどまずい。やはり値段は安く、この価格ではまずくてもきっと仕方ないのだろうな、と納得して、その後サン・プルサンに期待するのはやめてしまった。

それから何年もたったある日、リュクサンブール公園からサン・シュルピス寺院の横に抜ける細い裏道を歩いていたら、古びた建物が続く一角に、まるであつらえたみたいによく似あう、いかに

鴨のコンフィと白インゲンが入ったカスレは19ユーロ。

干ダラのブランダッドはバゲットのトーストに塗って食べる。

もパリの居酒屋、という雰囲気のレストランがあるのを発見した。レースのカーテン越しに暖かい電灯の光がもれ、黒板のメニューには「牛肉の煮こみ、オリーブ添え」だの「子羊のソテー」といった、極めつきのフランス伝統料理が並んでいる。でも、何よりも興味をそそられたのは、「オ・ボン・サン・プルサン」というその店の名前だった。

看板にするくらいだから、もしかしたら、ここならおいしいサン・プルサンが飲めるのでは、というかすかな期待が沸いてきた。ブルゴーニュワインを中心とした、高くて立派なワインが並ぶ中に、いちばん手ごろな値段で、案の定サン・プルサンがある。30席もない小さな店内はまだ客もなくひっそりとして、シャツにズボン吊り、タブリエ姿のご主人が、白ワインを一杯運んできた。これはサービスなのだそうだ。

まだあまりお腹も減っていなかったので、一皿料理とサン・プルサンの1/2ボトルを注文したのだが、ご主人が持ってきたのは大きい瓶。そして、これを好きなだけ飲むように言われた。そういえば、昔風の銘酒屋や地方のレストランでは、よくこういう酒の出し方をする。問題は、よほどの自制心がないとつい飲み過ぎてしまうことだが。それはともかくとして、問題のサン・プルサンを試してみたら、これがなんと今までの評価をすっかりくつがえすような、とてもすてきなワインだった。やっぱり「おいしいサン・プルサン」というものが、現実に存在したのだ。

一緒に頼んだ南仏風「干ダラのブランダッド」がまた、想像以上のおいしさだった。ジャガイモ分の多いグラタンみたいな安定食屋のブランダッドも私はけっこう好きなのだけれど、この店のものはジャガイモが控えめで、塩気を上手に抜いた干ダラをオリーブ油で柔らかく練ってある。横に添えられたカリカリトーストの、ニンニクの香りが食欲を刺激する。

いつの間にか周囲の席にも客が入り、和やかな空気が店内に漂っている。眉の濃い、一見気難しそうなご主人は、見ていると顔に似あわず愛想がよく、細かく気のつくタイプのようで、常連客とのかけあいが楽しい。フランスのレストランには珍しく、コーヒーもエスプレッソマシーンでいれたものではなく、ポットに入ったのをご主人が注いで回る。

6区のサンジェルマンからオデオンあたりのレストランは、何食わぬ顔で客の品定めをするような計算高い感じの店がけっこう多くて、じつは苦手だったのだけれど、この「オ・ボン・サン・プルサン」のおかげで、それ以来、安心してこの界隈《かいわい》で食事ができるようになった。いつ行っても、ちゃんとわかっているよ、といわんばかりに、サン・プルサンの瓶がドンとテーブルの中央に置かれるのが、なんとも頼もしいのです。

Poireaux vinaigrette……6ユーロ
長ネギの酢油ソース和え

Brandade de morue……19ユーロ
干ダラのブランダッド

Au Bon Saint-Pourçain
10 bis, rue Servandoni 75006
☎01・43・54・93・63
ⓂST-SULPICE
㊑12時〜14時、19時30分〜23時
㊡日
予算：アラカルト31ユーロ〜。カードは使えません

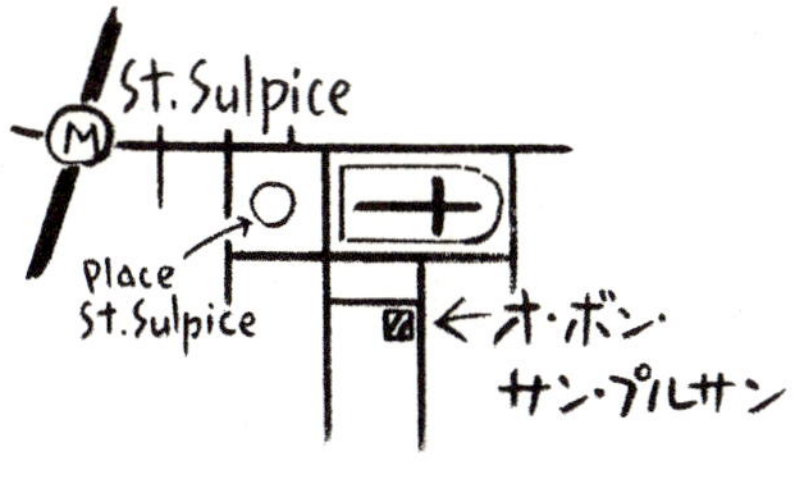

レストランでは、まわりを観察

たとえば、あなたは日本人の旅行者で、パリに遊びに来ていていま一軒のレストランの前に立っている。『新・パリでお昼ごはん』に載っていたこのレストランで、お昼を食べてみたいのだけれど、フランス語はよくわからないし、うまく注文できるか、ちょっと心配。

こんな場合は、扉を開ける前にまず店の前に貼りだしてあるメニューをじっくり観察しよう。定食（menu）があるかどうか。今日の料理（plat de jour）は何か。印刷されたメニュー（carte）の一部に「今日の定食」を手書きした紙が貼ってあることもあるし、下の写真みたいに、印刷されたメニューとは別に「今日の定食」を書いた黒板がぶら下がっていることもある。

本書で紹介した料理を、そのまま食べられると思わないほうがいい。これはあくまでも一例で、日替わり定食の内容はふつう毎日変わるし、レストランによっては2カ月か3カ月するとメニュー自体も変えてしまう。店の人の話では、この本を持参して、紹介された料理のページを突きつけて「コレ、コレ」とやる人がいるけれど、こういうのがいちばん困るという。ここで紹介した料理は選択のヒントにはなるから、料理名を暗記していればあとで

左がメニュー。右の黒板に「今日の定食」の内容が書いてある。

けっこう役に立つと思うけれど、現場ではともかく臨機応変に、想像力を働かせて行動してください。

心が決まったら店の中へ。店の人に笑顔で「ボンジュール」を言い、人数を伝えて案内されるのを待つ。自分から空いた席へ突進してはダメ。外国人のあなたを見ても店の人がぜんぜん動揺せず、ニコニコと優しかったら、その店ではきっと最後まで楽しく過ごせるでしょう。観光客なんか来ない街の定食屋だと「知らない顔が来た」というのでしばし無視される場合もあるけれど、人種サベツというわけではないから、ひるまず待つこと。

席に着いたら、メニューを見て注文をする。印刷されたものがあればラクなのだけれど、手書きのものは判読が難しい。とくに壁にかかった黒板メニューしかない場合は、あせって頭に血がのぼってしまう。でも、あれはフランス人だって読むのに苦労するくらいだから、あわてずに落ち着いて解読するしかない。メニューをじっくり検討するのは、ちっとも恥ずかしいことじゃない。

まず、定食を取るのか、1品だけにするか。今日の料理（plat de jour）に値段が書いてあれば、コースを取らずこれ1品ですませることも可能。定食の場合は、2品（前菜entre＋メインplatまたはメイン＋デザートdessert）か、3品（前菜＋メイン＋デザート）なのかを見きわめる。そして、それぞれの品目の中で1皿ずつ選択。もちろん、アラカルトの場合も同様に選択す

小さな黒板がぶら下がっているだけ。いちばん苦労するケース。

テーブル脇まで黒板を運んできてくれると、かなりホッとする。

る。デザートはふつう食前には決めず、メインを食べたあとでお腹と相談しながらあらためて注文、ということが多い。飲みものの注文は料理の注文のあとに。

でもたとえフランス語がよくわからず、適当に指さして、思ったのとぜんぜん違うものが来ても、それはそれでスリルがあって楽しいと思いませんか。私はそういうのがかなり好き。

あとは料理を待って、幸せに食べるだけ。待つあいだに、店の雰囲気やまわりの客の様子をしっかり観察しておきたい。サービスは行き届いているか、料理の出てくるスピードは早いか。気取ったヒソヒソ声の人種が多い店なら、こちらも大声で話すのは控えたい。日本人はだいたい声が大きいので、くれぐれも注意。

観察ついでに、フランス人のテーブル作法も学んでしまおう。音を立てないスープの飲み方。ナプキンのさばき方。とくにフランス女性の食べ方は、とても優雅でほれぼれする。それに、あんなにおしゃべりしながらよくちゃんと食べられるものです。

会計はふつうテーブルでするけれど、カフェや定食屋では立ってカウンターですませる店もあるから、これも要観察。

とにかくじっと様子を見ていれば、だいたいのコツは呑みこめてしまうもの。笑顔を忘れず、悪びれず、何語でもいいからできるだけ店の人と会話する、というのが基本で、あとは場数を踏むのみです。ではbon apetit（楽しい食事を）！

混む店なら、客の少ない開店直後のほうが注文もラクにできる。

いつ行っても安心できる9軒の店

＋オーナーや店名は変わっても行きたい3軒

5年前の「パリでお昼ごはん」ですでに紹介しているけれど、
その後も行くたびに評価が上がる店たち。
いつまでもこのままでいてほしい9軒と、好調な再スタートを切った3軒。

いい定食屋の代表といえば、まずこの店

レボショワール　L'Ebauchoir

日本の人は、とりわけ男は「修業」とか「勉強」とかが大好きで、物を食べたりお酒を飲むことさえも、精魂を傾けて訓練するのがエライ、と思ってしまうらしい。

もちろん料理のプロになるというなら「修業」も「勉強」も必要だけれど、ただおいしいものを食べ、いいワインを味わうのに「味の修業」なんて構えるのはこっけいだ。故・辻静雄氏は昼夜フルコースを食べ続けて脂肪肝になられたというから、その熱意にはまったく頭が下がるけれど、そういう美談的ひたむきさって、料理を楽しむという行為とはちょっと違うと思う。ものを食べるのに、がんばる必要はない。特別な才能もいらない。適度に空腹であること。できれば好奇心も少々。あとは、目の前に「レボショワール」のような定食屋が出現してくれればいい。

前回の『パリでお昼ごはん』で紹介してから5年、「レボショワール」の66フランのワインつき昼定食は値段が少しずつ上がって、今は11・43ユーロになった。アラブ風の飾り板はいつの間にか姿を消し、素朴派タッチの大きな絵が飾られて、店内は前より少しこぎれいになったかもしれない。でも、ガランと大きい学食風のスペースと、そこを忙しく行きかう給仕の若者たち、黒板に書かれた読みにくいメニュー、順番を待つ客たちの顔ぶれは昔のままだ。

「レボショワール」のどこが、私はそんなに気に入ってしまったのだろう。

社員食堂なみに混みあった店内。カウンターで席が空くのを待つ。

とびきり新鮮な生イワシのファルシ。右はキュウリのサラダ。

客の数は多いのに、給仕をする側がいつも気を配っていて、ちょっとした合図や客の表情にすぐ気がつく。気がついたら放っておかないで、たちどころに反応する。手が放せない状態でも「いま行きます」と言ってくれるし、言ったら本当にすぐ来てくれる。これはフランスのレストランでは、かなりすごいことなのだ。自分の係ではないテーブルの客の用にも気軽に動く。これもフランスでは珍しい。見るからにフツウの若者たちがこれだけ生き生きと自発的に動いているのは、オーナーとの関係がいいからだろうな、と推察する。

ビストロ風のむきだしの木のテーブルや飾りけのない白い皿、紙ナプキンがうら寂しい、という意見もあるかもしれない。私はきちんとセッティングしたカトラリーや2枚重ねの皿、いくつも並ぶ華奢《きゃしゃ》なグラス類を見ると、人ごとでも「ああ、洗いものが多くなる」とため息が出るほうなので、このシンプルさがかえって気楽で嬉しい。フォーク、ナイフを前菜のあと取りかえないのも、定食屋では珍しいことではなくて、私はパンでぬぐってから皿の横にそっと置いて、常連のふりをする。ただしこれを、ふつうのレストランでやるのは禁物。レストランと定食屋の境目はこのあたりにある。一昔前のブルジョワのように給仕人にかしずかれる気分を、お金を払って味わうのが「レストラン」なら、知人の家か賄《まかな》いつき下宿で食事をさせてもらう状態に似ているのが「定食屋」、と言ってもいいかもしれない。私はかしずかれるのは嫌いなので、だんぜん定食屋派です。

さてかんじんの料理の話だ。

塩漬け豚肉の煮こみとか、ポトフとか、昔ながらの家庭料理がおいしいのはもちろんだけれど、「レボショワール」では同時に、新鮮な市場の食材を使ったシェフの工夫料理がしょっちゅう登場する。キラキラ光る生のイワシに細かく切った赤ピーマンやキュウリを詰めてマリネし、粗塩と粗びき胡椒で食べる「イワシのファルシ」なんか、定食屋とあなどれない繊細さ、美しさだ。酸味のきいたエシャロットソースをたっぷりかけた子牛の舌の煮こみも、柔らかくとろけるよう。つけあわせはマッシュポテトと炒めたアンディーブだ。「今どき牛の、しかも内臓料理を食べるなんて」と夫には毎回あきれられるけれど、たとえあとで狂牛病にかかろうと、今この一皿を味わわなかったらぜったい後悔する、と思えるくらいすばらしいのだから仕方ない。

ずっと知らないでいたのだけれど、じつは2年くらい前に「レボショワール」ではシェフの交代があったらしい。そういえば昔は南仏風料理がよく出ていたのが、最近は工夫料理の回数が増えたような気もする。けれどそれ以外にはまったく、客に変化を気取らせないというのもみごと。

いつも幸せな子どものようにテーブルについて、ほどよいスピードで出てくる心のこもった料理を味わって。これも「味の修業」だと言うなら、私は一生修業中の身で満足です。

11.43ユーロの定食

Concombre au curry
キュウリのサラダ、カレーソース和え

Laugue de veau au échalotte
子牛の舌の煮こみ、エシャロットソース添え

Crème caramel
クレーム・キャラメル

1/4ワイン、またはミネラルウォーター

L'Ebauchoir
43-45, rue de Cîteaux 75012
☎01・43・42・49・31
ⓂFAIDHERBE-CHALIGNY
㊔12時〜14時30分、20時〜23時
㊡日、月
予算：定食16.80ユーロ、アラカルト25ユーロ〜

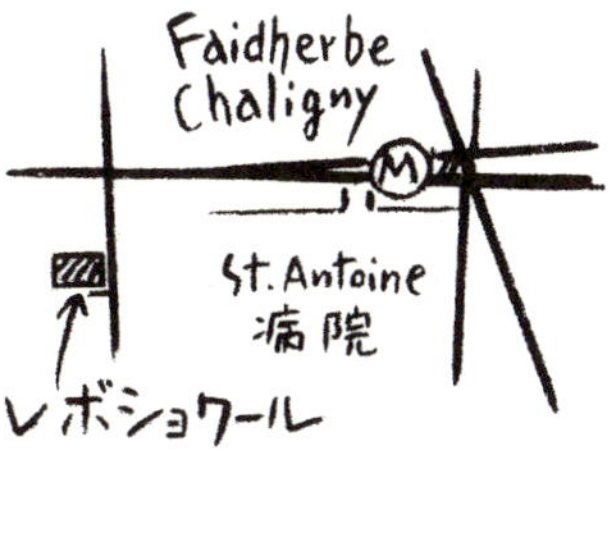

5月の陽射しを受けて魚料理

ロストレア　L'Ostréa

汗ばむような陽が照りつける5月の最後の週末、そろそろヴァカンスのことでも考えなけりゃ、という季節なのに、日本から来た友人がこともあろうにカキが食べたいと言う。「4月まで大丈夫なら、5月だってダメというわけでもないでしょ。一年中カキが食べられるレストランだってあるっていうじゃない」と、だんぜん強気。こんなときはもう抵抗せずに、レアールにあるドゥヴォーさんの店にまっすぐ行くことにする。

中央市場時代の雰囲気を残す細い路地も、今日は陽射しがなかばまで差しこんで明るく、角のクレープ屋は道いっぱいにテラス席を張りださせている。でも、「ロストレア」の狭い店内は深い水の底のようにほの暗く、しんと静かだ。壁のポスターも、船の模型も、天井のむきだしの梁も、まったく変わらぬままに年をへて少しずつ黄ばみ、それがまたこの店全体に、ある種の落ちついた居心地のよさを与えている。

隣の調理場から顔を出したドゥヴォーさんに、今日の仕入れの様子を聞いてみる。「カキだけはあるよ。海の幸の盛りあわせは無理だけど」と言われて、友人はなんとかカキにありつけることになった。ほっとして、まずはアペリティフによく冷えたシャンパンを一杯。テーブルに、ゆでた灰色エビとタマキビ貝（ビゴルノー）のつきだしが運ばれてくる。両方とも、

香草をまぶして焼いた尾なし頭つきのスズキ（フランスでは尾は切り取ってしまう）。

生ガキにはかならず田舎パンとバター。

海の幸の盛りあわせを頼んだときは、カキや手長エビなどの陰に隠れて、つい後回しになってしまう地味な食材だけれど、料理を待ちながらひとつずつスティックで口に運ぶと、潮の香が口いっぱいに広がって、魚介料理をこれから食べるぞ、という気分が急激に盛り上がってくる。

一人6個ずつのカキは「フィーヌ・ド・クレール」。ドゥヴォーさんはいつも、新鮮な材料を少しずつ仕入れ、下ごしらえから盛りつけまですべて一人でやっている。魚介の鮮度に関して、彼の判断を私は絶対的に信頼しているのです。大西洋岸でタンカー事故が続き、カキを食べるのもままならない時代になっただけに、久しぶりの、時期外れのカキはひときわ心にしみる。

さて、カキがするりとお腹に収まったあとは、季節の魚料理を楽しみたい。

考えてみると、この店ではいつも貝や海の幸を食べることに夢中で、メインの魚の料理をじっくり味わう機会が今まであまりなかった。だいたいフランスのレストランの魚料理というと、せっかくの淡泊な素材を生クリームやバターでこってりと重く仕上げるものが多く、魚大好きの日本人としてはいつの間にか、無意識に避けるくせがついてしまっている。

だから、プロヴァンスの香草をたっぷり振りかけ、オリーブ油で炒めた大ぶりの車エビが登場したときには、その彩りの鮮やかさ、威勢のよさに歓声を上げてしまった。あっさりサッパリとしていながら食べごたえがあり、海賊料理みたいに愉快な気分になる。

もう一皿は、これも豪快なスズキの焼きもの。ふつうなら横たわっているはずの魚が、尾を抱えて皿の上にうずくまっている。細かく刻んだ香草が魚をおおい、皿を緑に埋めて芳香を放っている。かなりの大きさのスズキだけれど、新鮮だし、オリーブ油しか使っていないから白身の魚肉の味わいが引き立って、いくらでも食べられる。

カキに魚料理、というと、どうしても私たちは特別なご馳走という気がして、ロストレアもそうたびたびは来られない値段の店、と思いこんでいたけれど、他のテーブルの客を観察していたら、みんなもっと気軽に魚を食べに来ているようだ。たとえば、オイル漬けニシンのサラダとジャガイモと田舎パン、という組みあわせの人。イワシの焼魚にグラスワインのみ、という人。これだったらカフェで一品料理を食べるのと値段もほとんど変わらず、しかもはるかに健康的だ。

6月からはムール貝がおいしくなるという。魚料理は日本がいちばん、と信じている愛国心の強い人も、一度「ロストレア」の魚介類を試してみてほしい。たとえカキの季節じゃなくても。

6 Huitres fines de claires……13ユーロ
生ガキ（フィーヌ・ド・クレール種）6個

Bar flambé……20ユーロ
スズキの香草焼き

L'Ostréa
4, rue Sauval 75001
☎01・40・26・08・07
ⓂLOUVRE-RIVOLI
㊤12時～14時30分、19時30分～23時
㊡土曜昼、日
予算：30ユーロ～

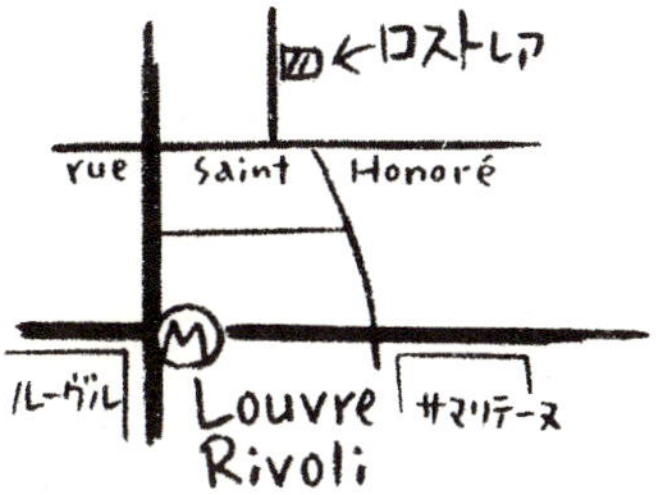

魔女レストランのレンズ豆のポタージュ

レ・プティット・ソルシエール　*Les Petites Sorcières*

ライオン像が寝そべるダンフェール・ロシュロー広場の手前から、西に向かって延びている賑やかな商店街がダゲール通りである。

パリに何本もある、庶民的な活気にあふれた市場通りのひとつだけれど、1930年に金子光晴が暮らしたホテルが残っていたり、映画監督のアニエス・ヴァルダが住んでいたり、それに写真機の発明者ダゲールの名前がついていることもあって、最初から私には印象の深い、特別の感じがする通りだった。ダンフェール・ロシュローは私の利用する郊外電車の途中駅で、都心への行き帰りにかならず通過する。気が向くと、用もないのに下車してよくダゲール通りをうろついた。少し歩けばモンパルナス墓地にぶつかるし、反対側に歩けばブランド品安売りのブティックが並ぶアレジアの通りで、暇をつぶすにはもってこいの場所なのだ。

ダゲール通りにしょっちゅう足が向くのには、もうひとつ理由があった。安くて気軽なレストランが周囲にたくさんあるので、一人でも連れがあっても、悩まないで食事ができることである。ヴェトナム料理やカレーなどエスニック系レストランも多く、このあたりの住人の多彩さが想像できた。

そんな中で「レ・プティット・ソルシエール」はちょっと特別の存在だった。

マーブル模様も鮮やかなレンズ豆のポタージュ。芸術品のよう。

デザートは時間がかかるので、料理のオーダー時に注文を取る。

7区や16区によくありそうなシックな店がまえ。値段もこの界隈《かいわい》としては高いほうに入る。ロビュションの弟子だったご主人のトゥールさんが腕をふるう料理の数々は、蕎麦屋やラーメン屋に飛びこむのとはわけが違って、もうすこし改まった気持ちで賞味しないと申しわけない正統フランス料理なのだ。7区にあればきっと予約なしでは入れない店だったろうけれど、14区という場所柄か昼は客の姿が少なめで、予約せずに行っても今まで断られたことはない（といばったら、トゥール夫人に「夜は予約がないとダメよ」とにらまれてしまった）。

5年前は昼、夜とも165フランのコースメニューが中心だったが、最近は2品で18・30ユーロのシンプルな昼定食か、または28・30ユーロの定食の二本立てになっている。たいていの場合は安い昼定食に魅かれてしまう私だけれど、この店ではあえて高い定食でシェフの腕の冴えを見たいというのもじつは、前菜のすてきなポタージュ類が昼定食には入っていないからなのだ。

たとえば、つい先日飲んだレンズ豆のスープ。暖かみのある薄茶色のポタージュの表面に、バルサミコ酢の黒が美しいマーブル模様を描く。中央にはサイの目に切った野菜と、軽く炒めた鶏のレバーがこんもりと盛られて。バターの香りとバルサミコ酢の酸味が、柔らかなポタージュにからんでふわりと溶け、口中には鶏モツのこってりとした味わいが残る。

繊細な作りの前菜にくらべて、メインの料理は力強くボリュームたっぷりだ。この辺が日本のフレンチとフランス現地料理の違いかもしれない。何皿あってもひたすら懐石風にちまちまと手のかかった料理が続く日本方式は、大食いのフランス人にはたぶんもの足りなく感じられるはず。メインはあくまでもお腹にずっしりとこたえる肉塊が期待されているのだ。

だからルーアン産の鴨のステーキを頼めば、タプナードを塗った大きな胸肉がまるまるひとつ、おいしそうな焼き色を見せて皿の上に鎮座している。マグロのステーキも皿いっぱいに広がる大きさだ。照り焼きにしたら四人分くらいありそうだが、カリカリに炒めたベーコンをあしらい、肉汁とベーコンの脂でしっとりと柔らかく仕上げられているので、最後まで飽きずに食べられる。

天井や柱の陰にはあいかわらず、ホウキに乗った魔女の人形がいくつも風に揺れている。でもどの魔女より貫禄があるのは、やはり一人で店を仕切っているトゥール夫人だろう。話し方や表情が厳しく、オタオタしていると叱られそうな雰囲気だから最初はちょっとおびえてしまうが、慣れればそんなに怖くない人だとわかる。「うちの牛肉はオブラック産、鴨はルーアン直送だから狂牛病や口蹄疫の心配は全然ないって、しっかり書いておいてね」と厳命されました。

満腹になってダゲール通りに戻れば、あんなに賑わっていた魚屋も八百屋もすでにシャッターを下ろして昼休み中。人けの少なくなった通りに、軒の万国旗が揺れる。平和な午後です。

28.30ユーロの定食

Crème de lentille et foie de canard frais poêlé
レンズ豆と炒めた鶏レバーのポタージュ

Steak de thon poêlé au bacon
マグロのステーキ、ベーコン風味

Suprêmes d'agrumes glacés au sabayon
柑橘類のシュープレーム、サバイヨンソース

Les Petites Sorcières
12, rue Liancourt 75014
☎01・43・21・95・68
ⓂDENFERT-ROCHEREAU
㊀12時〜14時、20時〜22時30分
㊡土曜昼、日、月曜昼
予算：アラカルト30ユーロ〜

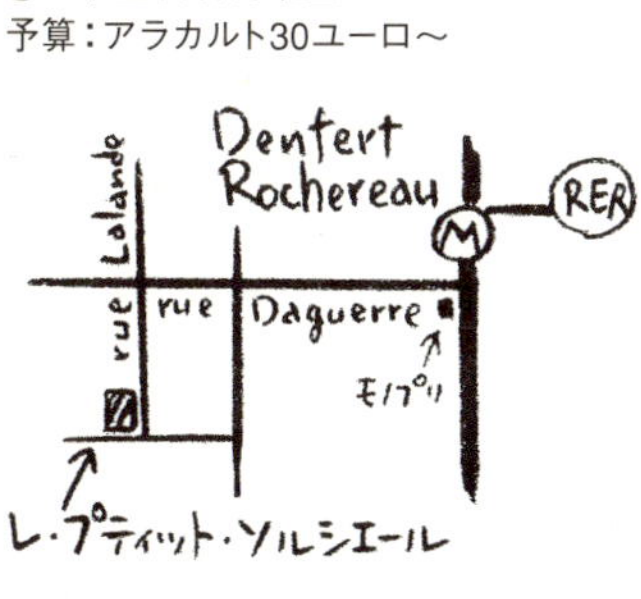

緑の丘の緑のゼフィール

ル・ゼフィール　Le Zéphyr

フランス人はとにかくサラダ菜をよく食べる。たくさん食べる。四人家族なら一度に一玉くらい平気で食べてしまう。ドレッシングをかけまわしてよく混ぜて、皿に山盛りにして食べる。

フランス語で「サラド」というと、料理のサラダのことも指すし、サラダ菜のことでもある。日本みたいにレタス一辺倒でなく、バタヴィア、ロメーヌ、トレヴィスなど、味のいいサラダ菜がたくさんあるから、子供のころグリーンサラダが大嫌いだった私でも喜んで食べられる。

案外知られていないことだけれど、皿の上のサラダの葉をナイフで切るのは、マナー違反なのだそうだ。私もじつはつい最近まで知らなかった。ナイフとフォークでサラダ菜をたたむようにまとめて、口に入れなくてはいけない。ピンと固いみずみずしい葉だったりすると、これはけっこう難しい作業だ。だから小さい子供のいる家では、母親がドレッシングをかけるときに、サラダボールの中であらかじめ食べやすいように切ってやるらしい。

最近レストランへ行くと、年のせいかパテや生ハムみたいな重い前菜はつらくて、サラダ風の前菜を選ぶことが多くなってきた。ふつうの定食屋だったらたいてい、生野菜を盛りあわせた「クリュディテ」を頼む。ちょっと高めのレストランだと、サラダ菜にルッコラやタンポポ、セルフイユなどを上手に組みあわせた軽やかなサラダがかならずある。サラダといっても、マリネした魚が混

白ブーダンと赤いトレヴィス、ブドウの黒の取りあわせが鮮やか。

川スズキに甲殻類のソース。拍子木に切った大根が添えてある。

ぜてあったり、貝やイカ、タコが入っていたりで、葉っぱのみのグリーンサラダとは天と地ほども違う。ドレッシングも最近は、毎度おなじみ酢油ソースばかりではなく、シェリーヴィネガーやバルサミコ酢を使う凝った味のものが増えて、サラダを食べるのがますます楽しみになってきた。

ベルヴィルの丘の上のサン・ジャン・バプティスト教会から、きれいなアカシア並木のジュールダン通りを少し下ったところに、レストラン「ル・ゼフィール」がある。緑の日よけに緑のテーブル、椅子も窓枠もアカシヤの葉の緑にすっかり染まったような、さわやかな店だ。20年代の凝ったインテリアの店内もすてきなのだけれど、夏は間口をいっぱいに開け放ち、木陰のテラスにテーブルをたくさん並べるから、避暑地のレストランみたいにウキウキした気分で食事ができる。

この店ではいつも昼定食の前菜に、他ではあまりお目にかかれないようなサラダが出てくる。たとえば、千切りにした白大根と赤カブを、レムラードソースで和えてケシの実を散らしたもの。薄黄色のソースがカブの赤でほんのりと染まり、黒いケシの実が点々と散っている。美しいだけでなく、歯ごたえがよく香ばしく、さっぱりと軽い。もう1品あげるなら、薄く切った白ブーダンを軽く焼いて、ほろ苦いトレヴィスの葉とルッコラを合わせたサラダ。黒いブドウの粒がのっているのは単なる飾りではなく、ドレッシングにも薄甘いブドウの果汁が混ぜてあるようだ。

メインも軽めで、私は香りのいい魚料理がけっこう気に入っている。野菜をたっぷり使った「川スズキのクリュスタッセソース、エストラゴン風味」なんて、聞いただけでおいしそうでしょう。おまけにワインの品ぞろえもなかなかいい。といっても、カラフで頼むテーブルワインの味がすばらしくいいので、昼はわざわざ瓶のワインは頼まないのだけれど。

パリの都心をはずれれば、安い値段でこんなにすてきな昼定食が食べられるというのに、昼どきの都心のカフェは、鳥のエサみたいなサラダを食べている人でいっぱい。ふつうのカフェやレストランで「サラダ」といって出てくるものは、たいていサラダ菜に缶詰のツナ、トマト、キュウリの切れっぱしなんていう、「ル・ゼフィール」のそれとはまったく似ても似つかない料理である。こんなものを何十フランも出して食べるならサンドイッチのほうがずっといいと思うけれど、カロリーが低く1品でも頼めるせいか、パリでは昼食をサラダですませる人（特に女性）が多い。カフェのテラスでサラダを突っついている女性を見るたびに「味に無神経なヤツ！」と心の中で悪態をついている。

11.50ユーロの昼定食

Salade de boudin blanc et raisins
白ブーダンとブドウのサラダ

Filet de perche crustacée à l'estragon
川スズキのクリュスタッセソース、エストラゴン風味

Fondant de fromage blanc et noix de coco
白チーズとココナツのムース

Le Zéphyr
1, rue du Jourdain 75020
☎01・46・36・65・81
ⓂJOURDAIN
㊫12時～14時、20時～23時
㊡土曜昼、日
予算：夜定食26ユーロ、アラカルト30ユーロ～

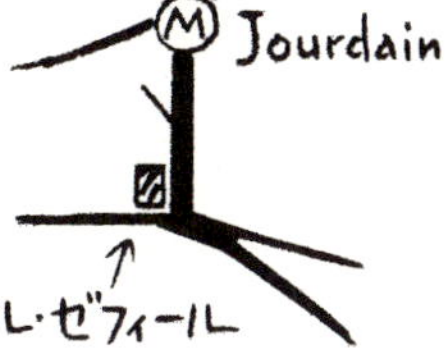

チーズの盆を囲んで宴会は続く

アスティエ Astier

11区といってもバスティーユ寄りではなく、レピュブリック広場やベルヴィルに近い北側の地域は、これまでずっとトレンドとかファッションに縁のない、パリ原住民の棲息する下町だった。トルコ、アラブ系の住民の数も多く、どこでもごはんが安く食べられる幸せな場所でもあった。ところが最近は流行の波がオベルカンフあたりにまで達し、盛り場独特のそわそわした騒がしい空気がこの辺にも漂いはじめた。

オベルカンフ通りの一本北のジャン・ピエール・タンボー通りは、昔から私が気に入っている通りのひとつである。フランス料理はもちろん、イタリア、モロッコと、気楽でおいしいレストランが目白押し。食べもの以外にも、寄るとかならず何か買ってしまう南仏雑貨の店、夫婦喧嘩して家出をしたときに泊まろうとひそかに決めている目立たないホテルなど、個人的に思い入れのある店がいくつかある。そんな店がある日とつぜん、流行の中南米レストランとかインターネット・カフェに変わってしまうかもしれない、と思うと暗澹《あんたん》とした気持ちになる。

せめて今のうちにせっせとおいしいものを食べて、通りの記憶を舌にとどめておくしかない。で、この通りで行っておきたい店に順番をつけるとなると、いちばんはやはり老舗「アスティエ」だろう。前回の『お昼ごはん』ではもっぱらチーズのことしか書かなかったけれど、この店の、と

手前の皿がブイヤベース風魚の盛りあわせ。

チーズの大盆は「アスティエ」の名物。アメリカやドイツからの観光客も多い。

ても定食屋っぽい気のおけないところと、材料と基本をきっちり押さえた正統派の料理との兼ねあいが、なんともいえず好もしいのだ。この店が消えたら世も末だ。

けれど「アスティエ」に実際に行ってみたら、少々のことでは変わりそうもない、元気な様子にすっかり拍子抜けしてしまった。まず、客の年齢層がいぜんとして高い。はやりものにほとんど縁のなさそうなジイサン・バアサンの集団が何組も、テーブルを囲んで気炎をあげている。店はあいかわらずの繁盛で、肘と肘が触れるほど詰めこまれた客でほぼ満席だ。

昔と少し違うのは、前菜とメインにチーズとデザートまでついて一律135フランだった定食が23ユーロになり、その他に、チーズかデザートのどちらかを選んで19ユーロという簡略メニューが加わったことだ。簡略といったって3品だからかなりの量だけれど、意地汚くチーズもデザートも平らげて苦しい思いをしなくていいのは、今やありがたい。

前菜の「鳩のテリーヌ」に、ほどよい酸味のコルニションが壺のまま添えられてくるところなど、いかにも定食屋といった体裁だが、バターたっぷりの玉ネギのコンポートを添えて食べるテリーヌの味は、じつにさっぱりとして上品だ。「イワシのエスカベッシュ」も、最近はやりの生イワシの前菜とは違って、しっかりと素揚げされたイワシが香ばしい。昔風だけれど古臭くはなく、ワンパターンでもなく、その日の市場の素材がみごとに生きている。メインの、3種の魚をブイヤベース風に煮こんだ「魚のパナシェ」の、サフラン色の濃厚なスープと新鮮な魚の取りあわせのよさ。

さて「アスティエ」の料理のことを書いたら、やはりチーズに触れないわけにはいかない。甘いものが好きだから、ふつうはチーズかデザートかと言われたらデザートを選ぶのだけれど、ここだけは例外である。15種類のチーズが大盆に並び、しかも取り放題なんていう機会はめったにあるものではない。固く締まったサヴォア地方のボーフォール。緑灰色のカビで覆われた円筒型の山羊チーズ、サント・モール。オレンジ色で湿っていて臭いエポワース。カマンベールにブリ。

宴会第二部がスタート、という感じである。パンが少なくなっていたら追加を頼みたいし、ワインだってこのために最低一人一杯は残しておかなければいけない。牛乳チーズと山羊チーズ、固いタイプと柔らかいタイプをうまく組みあわせて、しかも残さず全部食べられる量を計算して、皿に取る。いろいろ取っておいて、食べきれないで残すのは最低だ。また、二人のテーブルだと早めにチーズの盆を持って行かれてしまうので、やはり「アスティエ」にはなるべく大人数で行くのが利口だ、ということになる。やっぱりしたたかなジイサン・バアサン集団は、すべてを計算に入れた上で徹底的に楽しんでいるのだ。

知恵も食欲も若者をしのぐ連中に守られて、「アスティエ」は今日も安泰です。

19ユーロの昼定食

Escabèche de sardines
イワシのエスカベッシュ

Panaché de poisson façon bouillabaisse avec rouille
ブイヤベース風魚の盛りあわせ

Plateau de fromages
チーズの盛りあわせ

Astier
44, rue Jean-pierre-Timbaud 75011
☎01･43･57･16･35
ⓂPARMENTIER
㊔12時～14時、20時～23時
㊡土、日
予算：コースメニュー23ユーロ

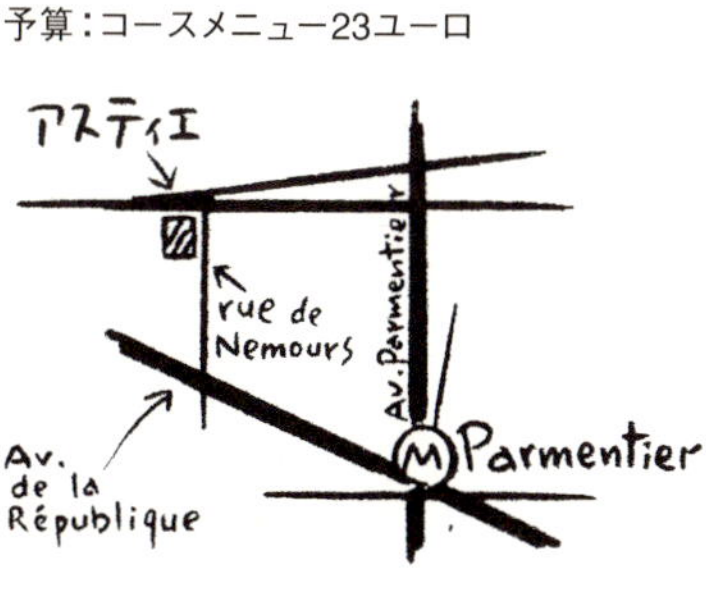

アンリさんのバスク流もてなし
オーベルジュ・エチェゴリー　Auberge Etchegorry

最近パリに、南西料理の看板を出したレストランが増えてきたような気がする。南西地方のワインがずいぶん出まわるようになってきたから、それに合う料理もはやっているのかなあ、南西地方出身者が急に増えたという話も聞かないし、などと首をひねっていたが、あるとき理由に思いあたった。南西地方の料理は、フォアグラや鴨のコンフィ（脂漬け肉）などすでに半調理された材料が多く、手間がかからないわりに高級感があるから、新しくレストランを始める連中が気軽に飛びつくのかもしれない。ジェジエという砂肝の脂漬けを薄く切ってのせたサラダや、バイヨンヌの生ハムのサラダなど、前菜にサラダが多い店、そのわりにメインの品数が少なくてカスレ（白インゲンの煮こみ）やコンフィが売りものだったりする店は要・注意、である。

反対に、バスク名物の赤ピーマンの煮こみ「ピペラード」があって、しかもそれが美味だったら、その店はそうとう信用がおける。ピペラードというとオムレツに入れたり、溶き卵を流しこんでグチャグチャの卵とじのようにしたものもあるが、私はやはり、ピーマンとトマトを炒め煮してバイヨンヌの生ハムをのせオーヴンで焼いた、レストラン「オーベルジュ・エチェゴリー」のピペラードがいちばん好きだ。鴨の脂とオリーブ油をたっぷり吸ってトロトロに煮えた赤ピーマンの甘さ、カリッと焼けた上等の生ハムを味わうたびに、これぞバスクの味、と深く納得する。

熱々のピペラードを食べると、いつも舌の先を火傷してしまう。

生フォアグラをソテーして黒ブドウのソースをかけた豪華な前菜。

13区のゴブラン織り製作所の近くにある「オーベルジュ・エチェゴリー」は、19世紀初めに創業という古い歴史を持つ料理店だ。南西料理のレストランになったのは1932年から。ここにはアンリさんというバスク出身の名物店主がいる。

いつもいたずらっ子みたいに目を輝かせ、強いバスク訛《なま》りで客に冗談を言いながら厨房とレストランを行ったり来たりするアンリさんは、この世界で働き始めてもう40年という。最初に会ったときより口髭も髪もずいぶん白くなったけれど、彼が登場すると店内の雰囲気はとたんに盛り上がる。前回の『パリでお昼ごはん』の取材でアンリさんと言葉を交わして以来、私と夫はこの店で自由にメニューを選ぶことができなくなってしまった。

「今日は生フォアグラに黒ブドウのソースがとてもおいしいよ」とアンリさんに言われたら、いくらメニューを見て、前菜はこれ、メインはこれ、と心づもりしていても無駄である。

「ピペラードが食べたかったんだけど」とブツブツ言うと、「じゃあ、フォアグラとピペラードを両方持ってくる」ということになってしまう。

メインは赤ピーマンのファルシにしようか、小イカの墨煮にしようか決めかねていると、両方を盛りあわせた一皿を持ってきてくれる。注文しないパエリアまで、なぜか味見するハメになってしまう。ただでさえフォアグラや鴨の脂で満腹ぎみなのに、このご馳走攻勢にはさすがの私もタジタジである。続くデザートだって、凍らせたチョコレート・トリュフ、アンズのタルト、ガトー・オ・バスク（バスクの名物菓子）、イル・フロタント（カスタードクリームにメレンゲを浮かべたもの）、チョコレートケーキの5種類の菓子を盛りあわせた豪華版が出てきてしまうのだ。

いつもこんな大盤ぶるまいではレストランがちっとも儲《もう》からないだろうに、と心配になってしまうのだが、アンリさんはいっこうに気にする様子もない。観察していると、常連にはたいていこんな調子でサービスしてしまうみたいだ。自慢のフォアグラや山羊チーズを厨房からわざわざ持ってきて客に見せるときの、アンリさんの嬉しそうな顔。

濃赤と緑に塗り分けられた田舎風の「オーベルジュ・エチェゴリー」の隣には、やはりアンリさん夫妻の経営する小さなホテルがあって、そのきれいな裏庭に、彼はバスクから運んできたブドウの苗を育てている。ほんとうは南部の品種はパリで育ちにくいらしいのだが、それでも秋には収穫祭をやるからね、とあいかわらず楽しそうなアンリさんだ。そういえば彼のお勧めのバスクの地酒「イルレギ」は、力強く、それでいてまろやかな気持ちのいいワインで、「エチェゴリー」の豪華でヘビーな昼食にぴったりなのだった。

23.65ユーロの定食

La pipérade du pays
ピペラード

La paëlla à notre façon
パエリア(2人前以上)

Les fromages des Pyrénées
ピレネー地方特産チーズ

L'assiette gourmande
デザートの盛りあわせ

Auberge Etchegorry
41, rue Croulebarbe 75013
☎01・44・08・83・51
ⓂCORVISART
㊔12時～14時30分、19時30分～22時30分
㊡日、月
予算：定食29ユーロ(ワインつき)、アラカルト38ユーロ～

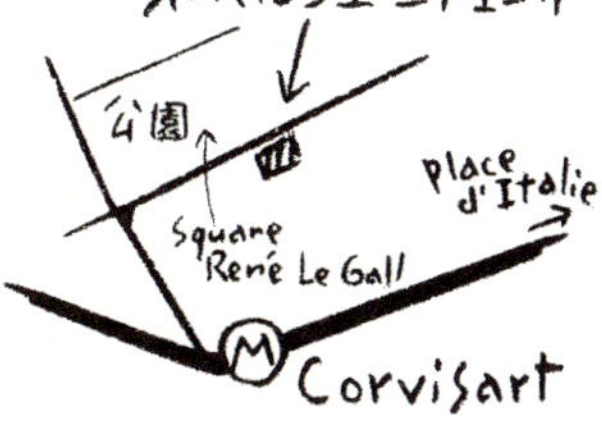

20年代パリの匂いがする高級居酒屋

ル・プティ・トロケ *Le P'tit Troquet*

「ル・プティ・トロケ」はなかなか人気のあるビストロで、夕食は予約なしでは断られてしまうくらいいつも混んでいるのだから、私の記憶がいったいいつのものか、それとも単なる思いこみなのか、今となっては判らないのだけれど、その店の様子を思い出そうとすると、いつもまずシンと静まり返った室内と、奥からそっと近づいてくるマダム・ヴェシエールのハイヒールのコツコツという響きが浮かんでくる。入口には緑の重い天鵞絨《びろうど》の戸張り、窓辺には白いレースのカーテン。ほの暗いカウンターの上で、銅のエスプレッソマシーンや酒瓶が鈍い光を放っている。

「ル・プティ・トロケ」というのは、直訳すれば「小さな居酒屋」という意味だけれど、この店の雰囲気は日本で考える「居酒屋」のイメージとはほど遠い。たしかに壁には古い広告のパネルがかかり、ホウロウのポットやガラスの水差しなどが飾られているが、それらはみなはるか昔、20年〜30年代の居酒屋で現役だった物たちだ。水の中を思わせる薄緑色の静けさには、製造禁止になったアブサントのようなけだるい酔いがひそんでいて、時間の観念を希薄にさせる。マダム・ヴェシエールのちょっと鼻にかかった甘い声が、耳をくすぐる。

　美人が大好きなウチの夫は、彼女のいかにもフランス女らしい優雅なものごしを終始うっとりと眺めているし、私はといえば、彼女の運んでくる端正な料理の数々にこれまたうっとりとしてしま

三種の魚を盛りあわせた「釣りの試食」。奥は緑のオリーブをあしらった子牛の煮こみ。

年代物の器具や瓶が並ぶカウンター。

う。まずは人形の食器のような小さなスープ皿に、よく冷えたトマトのガスパチョがほんの一口。続いて、やはり冷たいラザニヤの前菜。アンチョビとタプナード、トマトが、ひんやりと滑らかなパスタの中に閉じこめられている。

いつも髪ふり乱してドタバタと食事の支度をし、最近はテーブルセッティングも「カッコつけるより味が肝心」という理由でほとんどおろそかにしている私としては、大衆食堂風のレストランのほうがずっと性に合っていて、隙のない美意識を感じさせるこんなビストロは本来苦手なはずなのに、この店ではなぜか不思議にくつろいでしまう。店の風情にも、料理にも、女主人の押しつけがましくない優しさにも、すべてに一定の調和みたいなものが感じられるからだろうか。

その調和の中心となっている、ご主人パトリックさんの才気あふれる料理のみごとな例をひとつ。「釣りの試食」という一皿は、3種の近海魚のおろし身に、それぞれふさわしいつけあわせを添えて盛りあわせたものだ。ボラには黄サヤインゲンのバター煮、タラには牛乳で煮た米、キスに似たヴィヴという地中海の魚にはラタトゥイユ、というぐあいに。それぞれの魚の持ち味がつけあわせによって強調され、一皿の中に三皿分の表情を持つ、手のこんだ料理となっている。市場通いでフランスの魚にはかなり強くなったつもりの私は、生意気にも魚の名を当ててみようと試みたのだが、結果はみごと大ハズレだった。ボラなんて安い魚を、まるで高価なスズキみたいに食べさせるパトリックさんの腕には、参りました、と言うしかない。

7区の片隅にひっそりと営業する「ル・プティ・トロケ」は、たぶんムニュ・カルト（決まった値段で、アラカルト風の凝った内容のリストから1品ずつ選択する定食）のシステムを非常に早い時期に取り入れた店のひとつだ。ムニュの値段はこの5年間で3ユーロほど上がったけれど、それでも26・50ユーロはちっとも高くない、という気がする。

10年以上も独自のスタイルをしっかり守り、それでいて惰性的になることもなく、ノスタルジックな美しい高級居酒屋を支えてきた手腕は、いったいご主人にあったのだろうか、それともマダムのほうだったのだろうか。そんな気のきかない質問をしたところで、きっとマダム・ヴェシエールはにっこり微笑むだけで、また幻のようにカウンターの後ろに消えてしまうに違いない。

26.50ユーロの定食

Lasagne de sardine, tapenade aux tomates confites,anchois
イワシとタプナード入りラザニヤ

Dégustation de pêche sauce vierge
釣りの試食

Financier aux cerises, glace crémeuse aux cerises
サクランボのフィナンシエとアイスクリーム

Le P'tit Troquet
28, rue de l'Exposition 75007
☎01･47･05･80･39
ⓂÉCOLE MILITAIRE
㊕12時～14時、19時～22時30分
㊡土曜昼、日、月曜昼
予算：アラカルト29ユーロ～

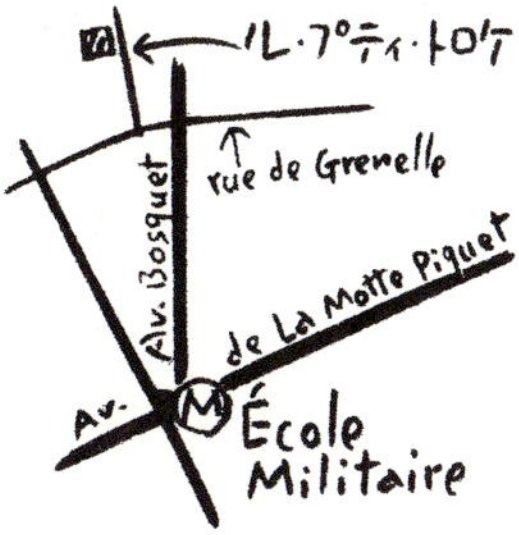

揚げもの上手のカンボジア料理店

ル・シナゴ　Le Sinago

日本にいるときは揚げものが苦手で、フライやトンカツは外食にかぎると思っていた。油がはねるのがうっとうしいし、あとの油の始末も面倒くさい。

フランスに住むようになってから揚げものをする機会が増えたのは、子供たちが揚げもの好きなせいもあるけれど、フランスのレストランでおいしい揚げものを食べさせてくれるところが少ないからだ。トンカツに近いものを食べたければ、イタリア・レストランに行って「子牛のミラネーズ」を頼むしかない。それだってカリッと揚がったものはなかなかない。冷凍食品や給食では魚のフライなども存在するのだが、味はひどい。仕方なくアジをおろし、鶏をさばいて衣をつけ、揚げものをするようになった。これがおいしい。原料の鶏や豚や魚がいいせいだろう。勢いがついてたびたび揚げものをするうちに、今ではすっかり慣れて、唐揚げもトンカツも、かき揚げでさえもあまり気が重くならずに作れるようになった。食い意地が張っていて、ホントよかった。

パン粉も、最初はバゲットを自分で叩いて作っていた。たまたま遊びに来ていた母がそれを気の毒がって、日本から袋入りのパン粉をわざわざ送ってくれたこともある。あとでスーパーに箱入りのパン粉を売っているのを発見し、以後はそれを愛用している。バゲットが原料のせいか日本のパン粉より粒が細かいから、トンカツ屋みたいにフワッとしたカツにはならないが、キメが細かくこ

揚げたてのチキンカツ（右上）とカンボジア風生春巻（左下）。

大きなオムレツみたいなカンボジア風クレープ。大量の野菜入り。

れはこれでなかなかおいしい。トンカツソースだけは日本食品店で日本製ブルドッグソースを買う。

こんなぐあいに揚げものは自給自足と決めこんでいたので、9区のモーブージュ通りのカンボジアレストラン「ル・シナゴ」で、パン粉を使った鶏のカツを見つけたときにはほんとうに嬉しくなった。中国やタイにも揚げものはあるけれど、日本みたいにパン粉を使うカツは初めて見る。

5年前の『お昼ごはん』で紹介した「メコンのお嬢さん」風エビの揚げものもおいしかったが、この前久しぶりに食べに行ったときに「あれは夜しか作らなくなったので」と言われてしまった。「何か代わりにお勧めの料理は？」と聞いたら持ってきてくれたのが、そのチキンカツだった。カリッと衣が軽く、中の鶏肉はジューシーで柔らかい。揚げたての熱々をレモン入りの甘いたれで食べる。ミントの葉が添えられているが、ほのかにレモングラスの香りもするようだ。

揚げものではないけれど、一緒に取った「カンボジア風グラッシュ」という牛肉の煮こみも珍しいものだった。ほんとうにハンガリーのグラッシュそっくりのトマト煮なのだが、香料の使い方が東洋的で、肉が溶けるように柔らかい。ハヤシライス風で白いご飯にとてもよく合う。

「ル・シナゴ」の女主人ヴィーホングさんは、若いころ外交官夫人として東欧にいたことのある人だから、彼の地のグラッシュをカンボジア風にアレンジしたっておかしくはないのだった。そういえばハンガリーやオーストリアには鶏や子牛のカツもある。ヨーロッパの東端と東南アジアの味が、不思議な縁で結ばれる。そして日本というまったく離れた地域にも、そっくりな味の揚げものや煮こみがお惣菜として存在することの偶然に、なんだかワクワクしてしまう。

「メコンのお嬢さん」風エビといい、鶏カツといい、「ル・シナゴ」に来れば何かしらおいしい揚げものが食べられるという発見は、肩を怒らせて「私が作らなきゃ」とがんばっていた主婦の気持ちをずいぶんホッとさせてくれた。

ただちょっと心配なのは、25年間つねに変わらない優雅な笑顔で店を切り盛りしていたヴィーホングさんが、このところ気のせいか少し疲れたように見えること。医者や研究者みたいな白衣をはおった小柄なヴィーホングさんが、いつも通り奥のキッチンから静かに出てくると、実家の母親の無事な顔を見たときみたいにホッとする。どうぞいつまでも元気でいてください。

Rouleau de printemps cambodgien……3.40ユーロ
カンボジア風生春巻

Crêpe cambodgienne……7.05ユーロ
カンボジア風クレープ

Goulash cambodgien……7.35ユーロ
カンボジア風グラッシュ

Beignet de poulet,sauce citron……7.20ユーロ
チキンカツ、レモンソース添え

Le Sinago
17, rue de Maubeuge 75009
☎01・48・78・11・14
ⓂCADET
㊢12時～14時、19時～22時30分
㊡日
予算：昼定食9.15ユーロ、アラカルト15ユーロ～

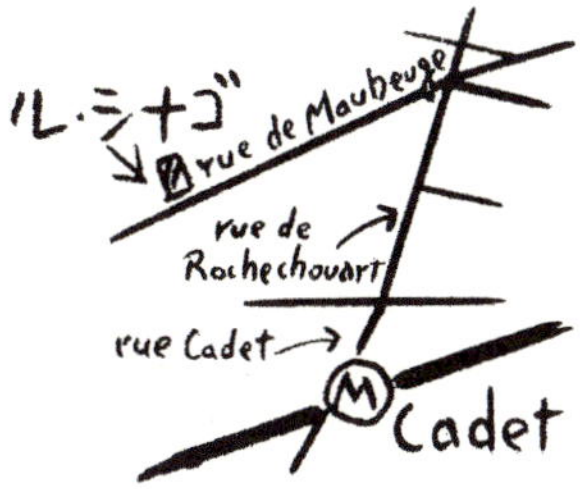

カニとキクラゲと春雨の蒸しもの

ミン・ショウ *Minh Chau*

蒸しものといったら、ふつうはまず中国料理の点心を思い浮かべるけれど、アジアの他の国にもちょっと変わったおいしい蒸しものがいろいろある。

タイの「プラー・ヌン」は、マナガツオや雷魚をまるごと香草と一緒に蒸した豪勢な料理だし、カンボジアの「アモック」は白身魚の切り身に、生の香菜をたくさん混ぜて蒸し上げたもの。アモックは近所のカンボジア料理店で食べて以来、大ファンになった。油っこい炒めものや濃い醤油味の肉料理のあいだに、この香りのいい薄味の蒸しものを口にすると、舌も胃もほっと安らぐ。ただ、けっこう手間のかかる料理らしく、どんな店でも食べられるというわけではないし、できることはできるけれど事前に注文が必要という店もある。

パリ市庁舎近くの裏通りにある小さなヴェトナム軽食の店「ミン・ショウ」に行くと、このアモックと親戚みたいな、すてきなカニの蒸しものが食べられる。この店では、最初のころ判で押したみたいに「ヴェトナム風サラダ」と「エビカレー」ばかり注文していたのだけれど、「カニのパテ」とフランス語で書いてある料理がずっと気になっていた。パテは直訳すればペーストのことだ。

ところがこれは想像していたようなパテではなく、細く切ったキクラゲと春雨とカニを卵で寄せてふんわりと蒸し上げた、温かい前菜だった。さっぱりと薄味で舌に優しいところがアモックによ

手前がカニとキクラゲの蒸しもの。奥はヴェトナム風サラダ。

香りのいい鶏のシトロネル風味(右)は白いご飯にぴったりの味。

く似ている。ニョクマムをちょっとつけて食べると、ヴェトナム版カニシューマイ、といった趣もある。香菜の匂いが苦手な人には、アモックよりこのカニのパテのほうが受けるかもしれない。

この店ではカニの蒸しもの以外にも、生春巻の「ゴイクン」や「タレ焼き豚」など、味わうべきお惣菜がいろいろある。生春巻なんて、パリではどんな中華・ヴェトナム料理店にもあるポピュラーな前菜だけれど、ライスペーパーが乾きすぎていたり、野菜がゴソゴソしたりで、がっかりするようなものばかり。その点「ミン・ショウ」の生春巻はしっとりと柔らかく、ピーナッツと甘みそを混ぜたような特製タレをつけて食べると、たいへんよろしい。ふつうヴェトナム料理というと何でもニョクマム入りの甘いソースをつけるけれど、この店はソースにそれぞれ工夫がある。「タレ焼き豚」も、一度ゆでて油を抜いた豚の背肉を、皮つきのままタレを塗ってカリカリに焼いた珍味だ。香ばしい皮と柔らかい肉の調和、そしてタレの味のよさ。

「ミン・ショウ」は5年前に取材したときと少しも変わっていない。入口に立つ女主人のキムおばさんの柔らかな笑顔も変わらない。客の数も減っていない。少年のようなオットさんは、だいぶ白髪が増えたけれど元気そうで「久しぶりですね。マダム・イナバ」と、たまにしか来ない客の名前をちゃんと覚えていてくれる。けれど、慢性不景気でレストランが次々につぶれるパリの中で、こんな小さな店がずっと変わらず営業し続けるのは、どんなに大変なことか。

パリの中でも、レアールからマレにかけての飲食店街はとくに栄枯盛衰が激しく、ちょっと足を向けないでいるともう顔ぶれが変わっている。『パリでお昼ごはん』で取り上げた「ル・カテリン」もなくなってしまったし、内臓料理が売りものの老舗「ファラモン」も、狂牛病のあおりを受けてあっさりつぶれてしまった。増えるのはテイクアウトの中国系軽食屋ばかりと思っていたら、この軽食屋の世界でも生き残るのはなかなか難しいようで、よく「フォ」を食べに入っていた店がたて続けに2軒消えた。あとに出現したのは、いまや他のアジア系レストランを圧倒してパリ中にはびこる「寿司バー」である。この寿司ブームはわれわれ日本人にはどうも今ひとつ不可解だが、事実はやっているのだから仕方がない。今まで恐ろしい勢いで増えていた中国系軽食屋が、目先を変えて半分くらい寿司バーに転向した、という感じだ。「ミン・ショウ」のまわりにも、ブームに乗って和風もどきレストランがずいぶん増えた。

こんな激動の世にあって、昔と変わらない味のお惣菜を毎日ていねいに作り続けるキムさんは、表彰状ものだ。ＢＨＶデパートの裏のこの小さなヴェトナム食堂が、グローバル化の波に飲みこまれていつの間にか消えたりしませんように。

Pâté de crabe……2.30ユーロ
カニとキクラゲと春雨の蒸しもの

Rouleau de printemps……2.13ユーロ
生春巻

Poulet au citronelle……4.27ユーロ
鶏のシトロネル風味

Crevettes au curry……4.57ユーロ
エビカレー

Minh Chau
10, rue de la Verrerie 75004
☎01・42・71・13・30
ⓂHÔTEL DE VILLE
㊋12時～15時、18時～23時
㊡日
予算：おかず1品＋白飯5.5ユーロ～

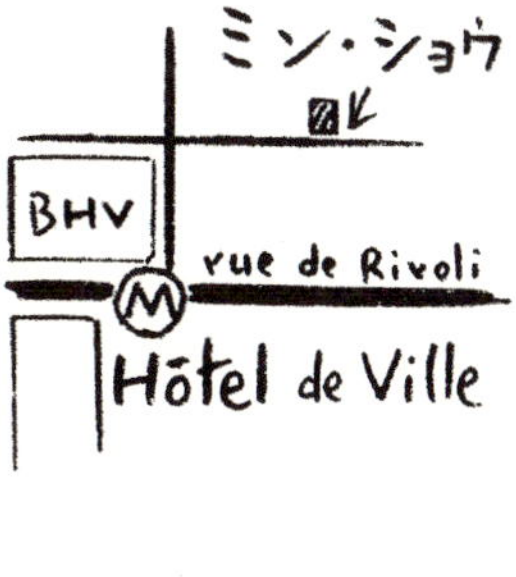

昼は定食屋、夜は瀟洒なビストロ

シェ・ネネス Chez Nénesse

『『シェ・ネネス』のオーナーが変わったわよ」と教えてくれたのは、サントンジュ通りで雑貨問屋「ドット」をやっているボンさんだ。

前のオーナー、アランさんは、一家をあげて奥さんの祖国、中国へ行ってしまったとか。「でも、新しいオーナー・シェフの料理もすごくいいわよ」というボンさんは、雑貨の趣味と同様、舌もそうとう信用できる人なので、私はすぐに「新・ネネス」へ味見に出かけたのだった。

背高ノッポでひょうひょうとした雰囲気の前店主アランさんにくらべると、新しい店主ルプリュ氏は対照的にチビで（失礼！）貧相で（失礼!!）風采のあがらない（失礼!!!）、俳優のミシェル・ブランによく似た風貌の人だった。台所からそっと顔を出して店の様子をうかがっているところを知らない人が見たら、皿洗いのオッサンだと思ってしまうのではないか。

けれど彼の料理を口にしたら、そんな印象はふっ飛んでしまった。力強く、小細工のない、男性的な魅力にあふれた料理ばかりだ。香草や外国の香辛料を多用する今風の味なんか気にせず、ひたすらフランス伝統料理の王道を行く、とでも言ったらいいか。見かけや飾りつけにもこだわらず、味で勝負、という自信があふれている。アランさんは繊細な優しい料理が得意だっただけに、その対比はとても印象に残った。

タルタルステーキ（手前）も鶏のフリカッセ（奥）も量がたっぷり。

昼どきはかなり混みあうから、相席になることも多い。

ただし、昼は安い値段で家庭的な料理を、夜はテーブルセッティングもきちっとして洗練された本格的料理を、という二段がまえの姿勢はアランさんの時代と変わらない。それに、あいかわらず昼ごはんのメニューは台所の通路の脇に吊るした小さな黒板に書いてあるだけだし、奥の席に座ったらそれさえも見えなくなってしまうから、常連でない客は、勝手がわかるまでいささか苦労する。

3・05ユーロ均一の昼の前菜は「クリュディテ」「燻製ニシンとゆでジャガイモ」など、いかにも定食屋風の内容のものがつねに9種ほど用意されている。

昼のメインはシンプルな肉料理を中心に、日替わりで3種。8・37ユーロだ。つい最近食べた「鶏のフリカッセ」は、エストラゴンを刻みこんだ香り高いソースが鶏を包み、柔らかく煮えたグリーンピースがたっぷりと添えられて、心がホッと温まるような幸せな味だった。こんなカロリーの高そうな料理は今どきの健康フリークたちには敬遠されるかも知れないけれど、ふつうのフランス人ならもみ手をして喜びそうな、懐かしの一皿である。「新・ネネス」が、客を減らすどころか以前にも増して大盛況で、グルメガイドでも評判を上げている理由がよくわかる気がした。

マレといっても「シェ・ネネス」や「ドット」のあるサントンジュ通りは、今にも崩れそうな漆《しっ》喰《くい》壁やペンキのはげかけたドアの建物が延々と続く、人通りの少ない裏道である。今、それらの建物には職人の工房の看板がかかり、間口の狭い商店や事務所がひっそりと営業していて、ややうらぶれた下町風の印象だけれど、17世紀には貴族の邸も並ぶ立派な通りだったらしい。フランス革命当時はあのロベスピエールも住んでいたという。今でもこの通りの建物をよく観察すると、灰色にくすんだ壁の上部に古い花飾りの浮き彫りが残っていたり、立てつけの悪い扉を開けた廊下の奥に、手入れの行き届いた夢のように美しい中庭があったりする。

だから「シェ・ネネス」に来ている客も、楽器職人や不動産屋のおばちゃんといった下町人種から、古いアパルトマンに住む有名な映画監督、売れっ子のアーティストまで千差万別。隣に座っているのが何をする人か、そっと横目でにらんで推量するのも楽しい。

ちなみに「シェ・ネネス」は、前店主のアランさんの両親が１９６１年に始めたカフェ・レストランのスタイルをそのまま踏襲している。高い天井も、きれいな黒と白のタイルも当時のまま。ただし、店内でいちばん目立つ存在だった古い鉄のストーブは、今回のオーナー交代とともに、もっと効率のよさそうな小型の新品に変わってしまった。

Herangs,pommes à l'huile……3.05ユーロ
燻製ニシンとゆでジャガイモ

Fricassé de volaille à l'estragon, petits pois……8.37ユーロ
鶏のフリカッセ、エストラゴンソース

Fraise Melba……3.05ユーロ
イチゴのメルバ

Chez Nénesse
17, rue de Saintonge 75003
☎01･42･78･46･49
ⓂST-SÉBASTIEN FROISSART
㊤12時～14時、20時～22時
㊡土、日
予算：アラカルト昼12ユーロ～、夜27ユーロ～

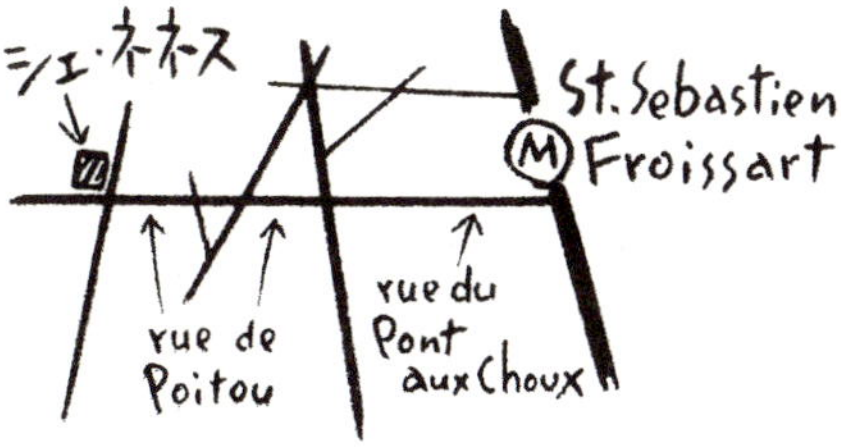

オバサン食堂からオニーサン食堂へ

レ・ボンビス Les Bombis

都心からはちょっと外れるけれど、12区のバスティーユとナシオン、リヨン駅を結んだ三角形の内側は、パリでもいちばん下町っぽい雰囲気の漂う地域で、物価はとにかく安いし、昔ながらのアルティザン（職人）もたくさん住んでいて、いかにも暮らしやすそうな印象がある。食べもの屋も例外ではなく、安くて感じのいい定食屋がこのあたりに集中している。

そんな定食屋の中の一軒「ル・テロワール」を、〝オバサン食堂〟として『パリでお昼ごはん』に紹介したのだったが、本が出て間もなく、女主人のマルティーヌさんが、カーヴに落ちて大怪我をした、という話を聞いた。教えてくれたのは共同経営者のジャニンヌさんだ。古いカフェによくあるタイプの、床板を跳ね上げると手すりもない狭い急な階段が地下に延びる、穴蔵みたいな「ル・テロワール」の貯蔵室が目に浮かんだ。マルティーヌさんは腰を傷めてしまって、もう復帰は無理かもしれないという。ジャニンヌさんがあとを引き受けて「ル・テロワール」は営業を続けていたが、いかにもオバサン食堂らしい、やさしいアイディアにあふれた前菜やデザートが減ったような気がして寂しかった。

その後はしばらく「ル・テロワール」にも足が向かずにいたのだが、ある日、シャリニイ通りを通ったときにふと店をのぞきこんだら、なんとマルティーヌさんが、昔のままの白いふっくらした

ローストポークに添えたパスタのゆで加減も固めでいい。奥はルジェのフィレの炒めもの。

不思議な味わいのラディッシュのスープ。

笑顔でカウンターの向こうにいるではないか。いろいろ聞いても、マルティーヌさんは「ウイ、ウイ」と言葉少なにニコニコしているばかりだったけれど、元気そうな様子に私はすっかり安心して、昔に戻ったような気分で久しぶりの昼定食を味わったのだった。

数カ月して次にシャリニイ通りに来たとき、「ル・テロワール」はもうなかった。

少し前、カウンターに肘をついていたマルティーヌさんを見ただけに、まるでキツネにつままれたような気分だった。「ル・テロワール」の看板の代わりに「レ・ボンビス」という看板が出ている以外は、店の様子も定食の値段もまったく以前と変わりなく思える。信じられない気分のまま店内に入り、陽気な給仕のオニーサンの忙しげな動きを見ているうちにやっと、マルティーヌさんは今度こそほんとうに引退したのだ、としぶしぶ認める気になった。

新しいスタッフは全員オトコで、平均年齢は前よりずっと若返ったようだ。そのせいか、メニューもいわゆる定食屋風を離れた、市場の素材を生かした新しい内容になっていた。ただのトマトサラダも、まわりに緑のピストゥ（バジリコとニンニクのソース）をあしらってあるから、彩りがハッとするほど鮮やかだ。オリーブオイルで炒めたルジェ（ヒメジ）も、黒オリーブとバルサミコ酢の香りに包まれてさっぱりとさわやかで、「ル・テロワール」の跡を継ぐこのレストランが、もうしっかりとこの土地の人たちに受け入れられ、根を張りはじめているのがわかった。

若くて意気盛んなスタッフと共に元気なスタートを切った「レ・ボンビス」も、開店してから間もなく3年。店はマルティーヌさんの時代と変わらぬ大盛況で、いつも近所の勤め人のグループが何組も押しかけてくる。ワインがついて13ユーロの昼定食は、今のパリではかなり安い値段なのだから無理もない。

「レ・ボンビス」の若いシェフが張り切って工夫する、不思議ないい匂いの料理の数々が、この先どう変化していくか。なにしろ、おろし大根そっくりでコリアンダーの葉を浮かべた「ラディッシユの冷たいスープ」だとか、シナモンの香りに包まれた「香料入りローストポーク」だとかが日替わりで登場するので、しばらくは目が離せない。紫色のシャツを着た、気の優しい大男のご主人が「夜はもっと手のこんだ料理がいろいろ出るから、ぜひ試して」と言っているし、また当分はシャリニイ通り方面に行く機会が増えそうだ。

今でもマルティーヌさんのレンズ豆のサラダがときどき無性に懐かしくなる。でも大好きな店のあとに、がっかりするようなレストランではなく、ちゃんと続けて通いたくなるような店が入ってくれた幸運を、今は素直に喜びたい。

13ユーロの昼定食

Soupe glacée de radis au citron vert
ラディッシュの冷たいスープ

Épaule de porc roti au vin d'épices
香料入りローストポーク

Île flottante
イル・フロタント

1/4ワイン、またはミネラルウォーター

Les Bombis
22, rue de Chaligny 75012
☎01･43･45･36･32
ⓂREUILLY-DIDEROT
㊋12時～14時、20時～23時
㊡土曜昼（10月～3月は土曜夜も）、日
予算：アラカルト35ユーロ～

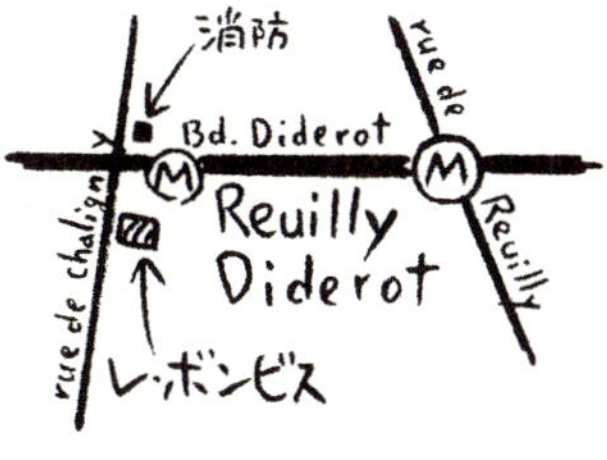

店は変わっても石釜ビビンパは健在

ミュン・カ Myung Ka

『パリでお昼ごはん』で紹介した15区の韓国料理店「デ・ウォン」の女主人から、ある日とつぜん電話がかかってきた。98年の暮れのことだ。

「せっかく紹介していただいたのに、店を閉めることになってしまいました」という。アジアを襲った不況の嵐がパリにも波及し、日本企業も韓国企業も撤退のニュースが続いた時期だった。とても残念だったけれど、それ以降発行の『お昼ごはん』の本には「『デ・ウォン』は閉店しました」という一行を加えることにした。ところが。

一年ほどたったある日、ガリヴァルディ大通りを地下鉄の高架沿いに歩いていたら、「デ・ウォン」のあった場所に新しい韓国料理店が開いているのを見つけた。それはいいのだが、表に出したメニューの隣には私が書いた「デ・ウォン」の紹介記事の切り抜きが、店名だけ「ミュン・カ」と差し替えて、知らん顔で貼ってあるではないか。「インチキめ!」と現行犯を引っ捕まえたような勢いで店に入り、でもあまりに空腹だったので、まずは食べてみてから、とつい腰を下ろした。

メニューの内容は「デ・ウォン」のときとほとんど変わらず、看板料理の「豚ロースの鉄板焼き」もちゃんと残っている。鉄板焼きに使っていた特製鉄板もそっくりそのままだ。甘く辛く酸っぱい「生エイのサラダ」も健在。しかも前より昼定食の選択肢が多くなって、10ユーロから15ユーロま

前菜のズッキーニの天ぷら（左下）と生エイのサラダ（右上）。

熱々の石釜ビビンパ（左下）とナムルの小皿。左上は激辛冷麺。

で好みに応じて選ぶことができる。だんだん怒りのテンションが下がって、代わりに好奇心と食い気が頭をもたげてきた。「よーし、石釜ビビンパがまずかったら、そのときは怒ろう」と、ちょっと自分に言いわけしながら、サラダとナムルつきの「石釜ビビンパ」を注文。

おいしかったのです、これが。

レタスがたくさん入って家庭的な混ぜごはん、という雰囲気だった「デ・ウォン」の石釜ビビンパとくらべ、ナムルのどっさりのった、しっかりとした味つけのビビンパだ。強い胡麻油の香りが熱せられた石釜から立ちのぼる。小皿で出てきた6種類のナムルも、「デ・ウォン」より味は濃いめ。全体的に「デ・ウォン」の料理が家庭的で素人っぽい優しい味だったとすれば、この「ミュン・カ」はプロ風のきっぱりしたところのある料理、ということができる。

こうして最初の勢いはどこへやら、文句を言うエネルギーも薄れ、タイミングも逸し、気持ちよく満腹になってヘラヘラと笑顔で店を後にしたのは、我ながら意気地のないことだった。

「デ・ウォン」を最初に紹介してくれたカムヨンさんに、報告がてらさっそく聞いてみたら、「そう、デュプレックスにある韓国料理店『ウ・ジョン』のシェフだった料理人が、今は『デ・ウォン』を引き継いでやっているの。前よりおいしくなったでしょう」という話だった。

一方で薄味の「デ・ウォン」を忘れがたい気持ちもあるけれど、たしかに「ミュン・カ」の「ズッキーニの天ぷら」だの「ネギのお焼き」を食べると、そのおいしさを認めないわけにはいかない。そして、銀の鉢に入ったあの辛くて真赤な汁なし冷麺。どこもかしこも唐辛子の粉で赤く染まっていて、何から手をつけたらよいのか、と呆然としていると、マダムが横から素早くパチンパチンと麺を鋏で切ってくれる。辛さの中に甘味や酸味、さまざまな香りが渾然《こんぜん》となって溶けあい、弾力のある麺が汁を含んでひんやりと喉を滑る。夏のさなかにこれ以上の醍醐味はない。

手続き的には少々問題があったにしても、「ミュン・カ」が「デ・ウォン」同様、私のお勧め韓国料理店になったことに、今や異存はないのだった。石釜ビビンパや冷麺を気軽に食べに行ける店がパリの街にないと、私は元気がなくなってしまうのです。

ところで、留学先のこの国でフランス青年と恋に落ちたカムヨンさんだが、紆余曲折《うよきょくせつ》のすえ、一昨年めでたくその青年と結婚することができた。料理上手のカムヨンさんのラブストーリーは、これでハッピーエンド。ここからはまた新たな物語が始まるはずだけれど、それはまた別の機会に。

Fritures de courgettes panées……6ユーロ
ズッキーニの天ぷら

Bibimpap chaud……12ユーロ
石釜ビビンパ

Myung Ka
19, boulevard Garibaldi 75015
☎01・47・83・41・45
ⓂCAMBRONNE
㊢12時～15時、19時～23時
㊡土曜昼
予算：昼定食10ユーロ～15ユーロ、アラカルト17ユーロ～

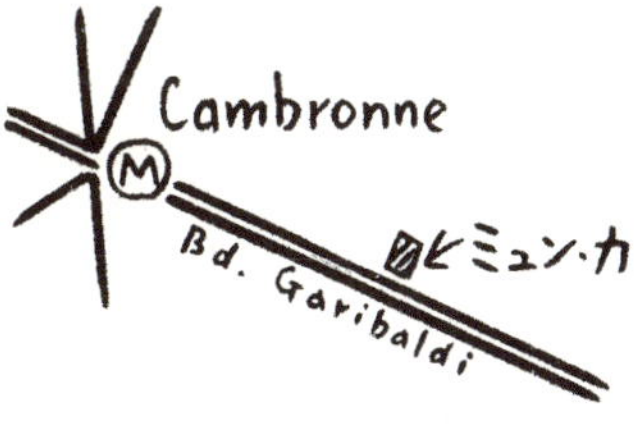

飲みものを楽しむ

フランスの飲みものといえば、まずワイン。せっかくパリでごはんを食べるのだから、昼だって少しはワインが飲みたい。あまり酔っぱらいたくない人はグラスワインを頼めばいいし、二人で1/4ワインを飲むという手もある。

たいていのレストラン、特に定食屋風の店は、ワインリストにある瓶入りのワインのほかに手軽なテーブルワインを置いていて、1/4（アン・キャール＝250cc）または1/2（アン・ドゥミ＝500cc）のピシェに入れて出してくれる。これがなかなかおいしく値段も安い。量的にも手ごろだし、ワインリストを前に悩まなくていいから、日常のごはんにはありがたい。ただし例外は安い外国料理屋（特に中華系）で、ケチな私でも残すほどのひどい酒が出てくることがあるから、瓶入りのほうが安全。

ワインバーなんかでは1/2を頼むと、ワイン瓶の形をした、底のぶ厚いきれいな薄緑のガラス瓶に入れてくることがある。こういう瓶のテーブルワインはおおむね美味です。

フランスに来てからずっと、こんなぐあいにワインに夢中だったので、それ以外の酒のことを長いあいだ知らずに来てしまった。夏に喉が渇いてカフェに入ったときなど、パナシェ（ビールと

厚底の瓶に入った1/2リットルのワイン。赤の色が映える。

リモナードを半々に入れた飲みもの）やビールを飲むくらいで、とにかくワイン一筋。レストランではよく「アペリティフを召し上がりますか」と聞かれるけれど、早くワインが飲みたいものだから、いつもそっけなく断っていたのだった。

　ところがなぜか最近、甘い食前酒をチビチビなめるのが好きになってきた。甘い酒なんか飲んだらワインの味がわからなくなる、と敬遠していたはずなのに、フランス家庭に食事に招待されるとかならず食前酒が出るものだから、少しずつ感化されてしまったのか、それとも年のせいで甘いもの好きになったのか。レストランではあいかわらずワイン中心だけれど、家には食前酒のコレクションがだんだん増えている。気のおけない友達と食事の前におしゃべりしながら味見したり、一人でのんびり本を読みながらすすったり。少し気分を変えたい、というときにとてもいい。

　といっても、ふつう食前によく飲まれるキールとかポルト酒は甘すぎてやはり苦手。もう少し甘味の控えめな、たとえばブルターニュやノルマンディ産の蜂蜜の酒「イドロメルhydromel」。蜂蜜の香りがふんわりと漂い、それでいて飲んだあと甘さが口に残らない。ノルマンディではリンゴのしぼり汁にカルヴァドスを混ぜた「ポモーpommeau」も、やや強いけれど、リンゴの匂いがふっと鼻をかすめるのがいい。南仏のフロンティニャンで作られる甘口の白ワイン「ミュスカmuscat」も香りがよくて気に

左の瓶がマスカットの酒ミュスカ、右はポモー。

入っている。みなたいてい冷やしたり、氷を入れたりして飲む。

最近覚えたのは、スペイン国境に近い地中海沿岸の町、バニュルスで産する赤ワイン「バニュルスbanyuls」。赤ワインが甘いなんてちょっと間違っている気がするけれど、飲んでみるとポルトのしつこさはなくて、いかにも南らしい暖かい味だ。

今まで無視して通り過ぎていたスーパーの食前酒のコーナーも、こうして研究する気になると豊かな宝の山。これから新しい味がまだまだ見つかりそう、と思うと顔がほころんでしまう。

アルコール飲料の話ばかりしてしまったけれど、カフェで一休みというときのために、ノンアルコールの飲みものの話も少々。

フランスには麦茶もウーロン茶もないので、夏に喉がおそろしく渇いたときなど、カフェで頼める甘くない飲みものといえば水くらい。炭酸がピリピリにきいたペリエや、ちょっとソフトなバドワなどミネラルウォーターを頼むことにしているけれど、それでは間にあわないくらい喉の渇きが激しいときは、レモンをギュッとしぼった「シトロン・プレッセ」。これに限ります。砂糖と、水差しに入った水が別に添えられているから、好きなように味を調節して飲めるし、水だけを何杯も飲むこともできる。レモンの酸味が渇きを鎮めてくれて、生き返ったような気分に。

同じようにオレンジをしぼった「オランジュ・プレッセ」もたいそう美味だけれど、喉の渇きにはレモンの方が効果があります。

バニュルスは樽で30カ月以上寝かせてコクを出すという。

時間をかけずに気楽なお昼を食べるなら、この12軒

お腹にやさしい一皿の料理を味わいながら、ワインを軽く一杯。
暖かい季節なら、公園のベンチでサンドイッチにビールというのもいい。
ヘビーで時間のかかるフランス式ごはんに、ちょっと疲れたときに。

今週のワインと今日の料理を組みあわせて

ラ・ローブ・エ・ル・パレ *La Robe et le Palais*

パリでも「ワインバー」の数がずいぶん増えている。ドライソーセージ程度の簡単な食べものとワインだけで昼食をすませたり、料理に合わせて一杯ずつ2種類のワインを頼んだり、という変則的な食事のしかたが可能になって、フランス人もじつはかなりホッとしているのではないだろうか。

前菜・メイン・デザートとしっかり時間をかけて食べるフランス流ごはんも、連日連夜はツライ。まして仕事が忙しかったりすると、一皿だけで簡単に終えたいと思うこともある。でもワインは省略したくない。あるいは食事のあと、ちょっと飲みたりなくて、もう一杯だけ、それもいいお酒を飲んで終わりにしたい。そんな多様な要求に応えていたのが、今まではもっぱらカフェだった。カフェのワインの品ぞろえをさらに充実させ、飲んべえ向きの肴を揃えたのがワインバー、ということになる。ワインバーが多いのはパリでも2区とか8区で、ビジネスマンが連れだって入っていく姿をよく見る。ふつうのレストランよりオトコ度は高そうだ。

私はワインにはまったくこだわらないほうで、定食屋のカラフ入りテーブルワインに少しも文句はないのだが、ワインバーは一品料理がおいしいところが多く、その気楽な雰囲気も好きで、よく出入りする。中でも気に入っているのが、シャトレ広場のすぐ裏の通りにある「ラ・ローブ・エ・

柔らかいコルシカ風子牛煮こみ。左はアドックのパルマンティエ。

常連はカウンターで食事。横の赤い棚にナプキンがしまってある。

ル・パレ」だ。この店は正確には「ワイン・レストラン」と名のっていて、そのぶん料理の種類も多く、選択肢がいろいろあるところがいい。

毎日変わる前菜・メイン・デザートの中から2品選ぶと13・5ユーロ、3品選ぶと16・5ユーロという定食メニューにまず注目したい。常連はほとんどこれを取っているようだ。これに「今週のおすすめワイン」をカラフで取るのが、いちばん一般的なパターン。でも一人で黙々と定食のみ食べている老婦人もいるし、サラダとワイン一杯と水だけですませてさっさと帰る女性二人連れ（たぶんダイエット中なんでしょうね）もいたりする。お腹があまり空いていない人のためには、ワイン一杯と料理一皿で13・5ユーロという簡便セットもある。

ワインの木箱をはめこんだむきだしの木のテーブル。濃黄色の壁に散った赤いステンシル模様は、もちろんブドウの柄だ。カウンターには今週のワインが並び、ワイングラスが頭上に吊るされてきらきらと輝いている。気のおけない居酒屋ムードがいっぱいで、店にも客にも、いわゆるワインバー特有の気どりがないのがいい。

今週はコルシカ週間ということだったけれど、南国の銘酒は今日のお腹ぐあいにはちょっとヘビーな気がしたので、軽いシノンの赤を一杯だけ。それに本日の料理の「アドックのパルマンティエ」を注文した。ジャガイモのパルマンティエには、ひき肉の代わりに細かくほぐしたオレンジ色の干し魚「アドック」がはさまれていて、ちょっとブランダッド風の上品な味わい。上に散らされた赤い粒胡椒の色と香りがきいている。夫は、マキ（コルシカの雑木林）の香草をたっぷり入れて煮こんだ「コルシカ風子牛の煮こみ」に満足げな表情。こんなあっさりした昼ごはんなら、午後も眠くならずにしっかり活動できそうだ。

日本で「ワインバー」というと、まずたいてい夜に行くところだし、ソムリエがうやうやしく講釈をたれたり、飲むほうも知識と経験をひけらかしたり、いいワインを飲むぞ、というヘンに気負った雰囲気が漂っていてイヤだ。最後は目の玉がとび出るほど高い勘定書きが出てくるのだから、それも仕方ないのかもしれないけれど。

その点フランスのワインバーは、もっと安くて実質的で、店も客ものんびりしたもの。今日もおいしいワインを飲めて幸せ、という単純な満足感がみなの頬を染めている。家でもレストランでも安くて味のいいワインを毎日たらふく飲んで、それを何十年も続けていれば、きっと自然にこういう飲み方が身につくのでしょうね。

13.5ユーロの昼食セット

Sauté de veau corse
コルシカ風子牛の煮こみ

グラスワイン

La Robe et le Palais
13, rue des Lavandières Sainte-Opportune 75001
☎01・45・08・07・41
ⓂCHÂTELET
㊋12時～14時30分、19時30分～23時
㊡日
予算：アラカルト40ユーロ～

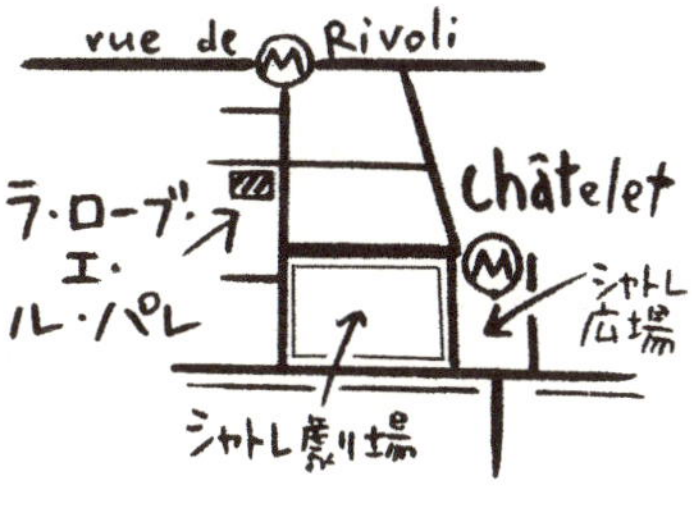

モンマルトルのヴェトナム・カフェ

チャオ・バ・カフェ　Chào-Bà Café

カトリーヌ・ドヌーヴが主演した映画「インドシナ」を、公開からだいぶたって見たことがある。私の住んでいたアントニーの町の小さな映画館は年輩の客でいっぱいで、ドヌーヴが衣装を変えて画面に登場するたびに感嘆の声がもれる。何度も見た客も多いらしく、ここぞというシーンでは場内がどよめく。ほとんど日本の忠臣蔵みたいなノリである。批評家は通俗メロドラマと片づけていたが、私はけっこう最後までおもしろく見た。なんといっても、旧植民地時代のヴェトナムの風物が再現されているのが興味深い。そして大使館のパーティーの場面を見ていて、あ、そうかと気がついた。この映画館にいる人たちの何割かは、きっと仏領インドシナに暮らしたことがあるのだ。ドヌーヴの演じている時代をそこで実際に生きてきたのだ。ドヌーヴへの感情移入は、旧植民地への郷愁に支えられていたのかもしれない。

モンマルトルの丘のふもと、地下鉄のピガル駅前で不思議なカフェを見つけたとき、この映画のシーンがふとよみがえってきたような気分になった。

広い間口にかかるまっ白い日よけには、「チャオ・バ」という店名が黒々と染めぬかれている。入口にはホー・チ・ミンの彩色胸像。白いカバーをかけた籐椅子が並ぶ広々とした店内には、奥の壁いっぱいに労働者を描いた巨大なプロパガンダ壁画がかかげられ、竹の手すりのついたみごとな

木張りの床に籐椅子がゆったりと並ぶ2階サロン。くつろげる。

右の大皿がヴェトコン・サラダ。夜中の1時まで食事ができる。

らせん階段が2階へと続いている。洋酒が並ぶ中央のカウンターがこれまたレトロで、寄りかかっているフランス人客が、故国を捨てて異国に流れてきた不良外人みたいに見える。

食事のできる2階は、さんさんと光の入るコロニアル・スタイルのサロンだ。窓の外には竹の植えこみ。よしずのスクリーンが涼しい陰を投げかける。天井でゆっくりと回る大きな黒い扇風機も、籐椅子のあいだを忙しく歩きまわって注文を取っている白い民族服のヴェトナムおじさんも、そのまま戦前のハノイからタイムスリップしてきたみたいで、私はいつの間にか、この店がもとは北を支持する在仏ヴェトナム人たちのパリの拠点だったかもしれない、などと考え始めていた。

メニューも不思議で、ヴェトナム風とフランス定食屋風が混在している。

本日の特別料理は「マグロのプロヴァンス風」と「ホロホロ鳥の手羽ロースト」で、まったくフランス風。せっかくだからアラカルトで「ヴェトコン・サラダ」(すごいネーミング!)と「ヴェトナム風クレープ」、それに春雨と野菜の炒めものを取って、インドシナ流を通すことにする。白地に赤く、六文銭みたいなチャオ・バのロゴが入った紙ナプキンがじつにかっこいい。

期待のヴェトコン・サラダは、ネム(ヴェトナム風春巻)と春雨サラダ、炒飯、野菜炒めを一皿に盛りあわせた手軽な一品だった。2種類のソースが添えてある。その横の、黄色い大きなヴェトナム風クレープに箸が串刺しになっているのには、いささかビックリ。これがヴェトナム流なのだろうか。春雨炒めはちょっと頼りないほど薄味で、さっぱりしている。

この店はいったいどんな歴史を持つのだろうか。好奇心を押さえられなくてカウンターでそっと訊いたら、いま主人が来ますから、と言われた。白髯《ひげ》の元闘士風老人かなあ、かっぷくのいい元財閥夫人かも、などと妄想は膨らんで、頭の中はすっかり映画「インドシナ」である。

ところがそこに現れたのは、まったくどう見てもふつうのフランス男性なのだった。このご主人ブルーノさんが、7年前にカフェだったこの店を買い取り、インテリアデザイナーのユベール・

ド・ジヴァンシー（かの高名なデザイナーの甥）とアイディアを練って、二人でハノイ、ホーチミン市まで買い出しに行った成果が、この「チャオ・バ」なのだという。仏・ヴェトナム料理を作っているシェフも生粋のフランス人だというから、いやーみごとに騙されてしまった。

ゆったりとした籐椅子にもう一度すっぽりと沈みこんで窓の外を眺めると、竹の植えこみ越しにピガルの広場とキャバレーの群れ、観光用の豆汽車が見える。なるほど、こんな映画セットみたいな店も、キッチュでいかがわしい夜の街モンマルトルだからこそ。

ところで「チャオ・バ」は、ヴェトナム語で「こんにちわ、マダム」という意味なのだそうです。

Salade Viet Cõn……9ユーロ
ヴェトコン・サラダ

Crèpe vietnamienne……11.50ユーロ
ヴェトナム風クレープ

Vermicelles de légumes……9.50ユーロ
春雨と野菜の炒めもの

Chào-Bà Café
22, boulevard de Clicy 75018
☎01・46・06・72・90
ⓂPIGALLE
㉔9時〜翌午前2時（木〜日は午前5時まで）
年中無休
予算：アラカルト23ユーロ〜

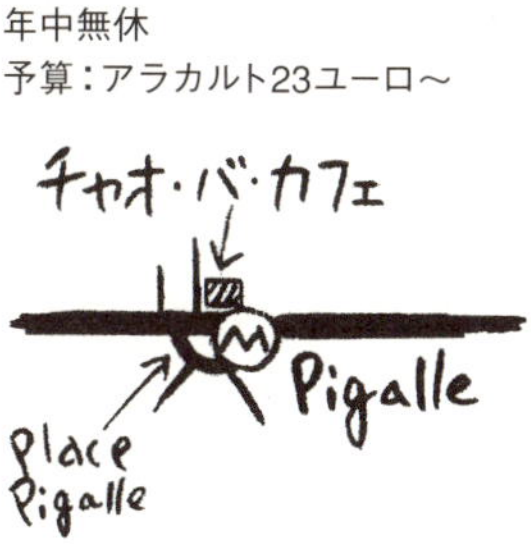

軽い一皿料理と食後のウィーン菓子

ル・ステュブリ　Le Stübli

17区のテルヌ広場の裏にあるポンスレ通りは、高級アパルトマンや豪華レストラン、ブティックの並ぶ凱旋門周辺には珍しく、庶民的で人間の生活の匂いのする場所だ。

狭い路地の両側には商店が屋台を出し、賑やかに声を張りあげてお惣菜や軽食を売っている。生鮮食品店が多いのはむしろお隣のバイヤン通りだけれど、ポンスレ通りは通行人が多く、衣料品の屋台やカフェのテーブルも出て、お祭りのようにウキウキとした雰囲気がみなぎっている。

この通りのまん中あたりに、ひときわ人の流れのとどこおるところがある。薄緑に塗られたこぎれいな造りのお菓子屋と、その向かいのデリカテッセンが、どうもその渋滞の元凶らしい。店の前の緑のテントとテーブルはすでに客に占領され、ドイツの塩味のねじりパン「ブレッツェル」をいくつも吊るした屋台では、ソーセージと炒め玉ネギがおいしそうな匂いを放っている。

ここが、パリでは珍しいウィーン菓子の専門店「ル・ステュブリ」だ。

生クリームをたっぷり盛り上げたふわふわのケーキは、フランスのタルトやマカロンとはまた趣きが違って、口の中で淡雪のように溶け、日本で子供のころに食べたショートケーキの思い出につながってゆく。チョコレートムースとクリームの「ヴィーナー」。キイチゴのジャムをはさんだ有名な「ザッハトルテ」。キルシュの香りのする、舌を噛みそうな名前の「シュヴァルツヴェルダー

ベーコン山盛りのモールタッシェン。つけあわせのサラダも美味。

リンゴがたっぷり詰まったホカホカのストリューデル。巨大です。

キルシュトルテ（フランス語だとフォレ・ノワール、つまり黒い森）」。

ずっと以前からここのお菓子のおいしさは知っていたのに、この店の2階のサロン・ド・テや路上のテーブルで、お菓子だけでなく軽い食事もとれるということを最近になるまで知らなかった。向かいのデリカテッセンでは各種ソーセージやザワークラウト、ニシンの燻製などのドイツ・オーストリア食品を売っているのだから、それを店で食べられるのは、考えれば当然なのだけれど。

ウナギの寝床みたいな細長い1階のお菓子売り場を通りぬけて奥の狭い階段を上ると、ウィーン風の小さなサロンに出る。布張りの椅子、木彫をほどこしたテーブルや棚、半円形のバンケットに鏡。いかにも女性的で、17区の金持ちマダムのたまり場にピッタリの雰囲気だ。じっさい女性客が圧倒的多数を占めていて、男性客はちょっと肩身が狭そう。でも彼らもちゃんとケーキを取っておいしそうに食べているところが、フランスらしい。

料理は、サラダやハム、卵、ジャガイモなどを一皿に盛りあわせた形式のものが多く、どれも野菜がたっぷりでヘルシー。といってもベジタリアン・メニューとかダイエット食みたいな情けないシロモノではなく、この店特製の牛肉燻製や生ハムをたっぷり使い、細切りニンジンやレンズ豆をあしらった、心のこもったものだ。ソーセージやウィーン風カツレツなども、むかし旅行中に現地で食べたものより味がいいような気がする。初めて食べてすっかり気に入ってしまったのは、牛ひき肉とホウレンソウを詰めた大型ギョウザみたいな「モールタッシェン」。柔らかい皮に気前よくのせられたベーコンが香ばしく、他では見たことのない珍味だ。

料理一皿だけ注文してもいいのだが、これにデザートのお菓子を組みあわせた14・03ユーロのセットというのがなかなか魅力的。私はたいてい巨大なフォレ・ノワールを、一さじ一さじ大事に口に運んでうっとりとしてしまうのだけれど、生クリームが苦手という人には、薄い皮にリンゴと干しブドウを包んだ温かい「アプフルストリューデル」がいい。軽い料理でちょっともの足りないかな、という感じだったお腹が気持ちよくふくらんで、大満足となるのです。

　このサロン・ド・テで食事ができるのは12時から15時のあいだだけれど、その他の時間帯でも、ソーセージつきのサラダや塩味タルトなどが食べられるので、昼ごはんを食べそこねたり、ちょっとお腹が空いて夕食まで我慢できない人にはとても便利。また1階のスナックカウンターでは、サロン・ド・テと同じ内容の一皿料理が割安で食べられる。

　窓を開けると、ポンスレ通りのざわめきが風に乗って上ってくる。もう商店街も午後の休みに入ったというのに、お菓子の皿を前にしたマダムたちのおしゃべりは、まだまだ終わりそうもない。

14.03ユーロの昼定食

Maultaschen
モールタッシェン

Apfelstrudel
アプフルストリューデル

Le Stübli
11, rue Poncelet 75017
☎01･42･27･81･86
ⓂTERNES
㊖9時～18時30分（日曜は9時～12時30分）
㊡月、日曜午後
予算：アラカルト17ユーロ～、軽食セット（1階）9.45ユーロ

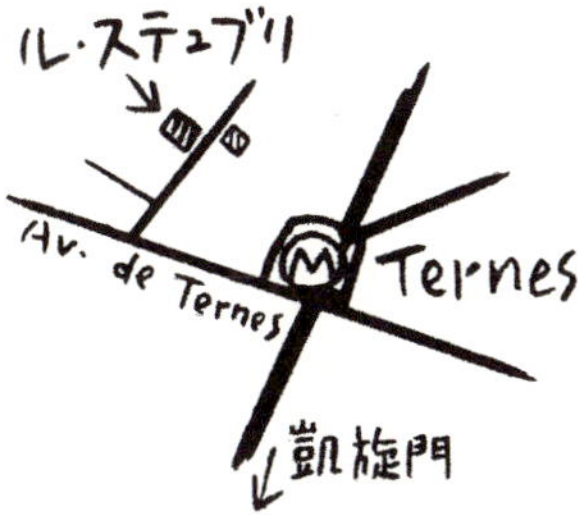

丘のふもとのビストロでワイン三昧

オ・ネゴシアン　Aux Négociants

ワインの銘柄にはこだわらず、ソコソコの酒ならこうるさいことを言わずなんでもおいしくいただく私と夫でありますが、長年飲んでいるうちにどうしても好みというものが出てきて、晩酌にはやはりボルドーの赤がいちばん嬉しい。嬉しいけれど、いいボルドーはやや値段が高い。そこで最近は、ボルドーに近いコシの強さを持ちながら格が低く、テーブルワインに分類されて値段も手ごろな、フランス南部の地ワインを追求するのがおもしろくなってきた。

昔、友人の車に乗せてもらって訪ねたコルビエール、ミネルヴォワなどの、もうスペイン国境に近い山すその地方の激しい太陽の輝きと、石ころだらけの乾いた土地を思い浮かべると、そこでたぶん他の地方よりずっとたいへんな苦労をして作られたワインが、安い値段で扱われるという不条理になんだか切ない気分になってしまう。でも最近はこの南の地方のワインもずいぶん注目をあびて、隠れた銘酒がつぎつぎに高い評価を受けるようになっている。

モンマルトルの丘の北側のふもとにあるビストロ・ア・ヴァン「オ・ネゴシアン」で友達と待ちあわせ、一皿料理を取って軽く一杯ということになったとき、黒板に書かれたワイン・リストに南部のワインがいくつもあるのを発見して、非常に嬉しくなってしまった。とりあえずいちばん先に目に飛びこんだミネルヴォワの赤を一杯ずつ注文し、今日の料理の「子羊の股肉のロースト」と

子羊のロースト（左）と煮こみ（右）。コクのある赤ワインが合う。

食事はよそですませ、ここでチーズを肴に飲み直すという人も。

「子羊の煮こみ」をそれぞれ頼むことにする。

最近見つけたこのビストロは、モンマルトルといっても観光客なんかあまりやって来ない裏側の住宅地にあって、中年の夫婦とその息子の青年が切りもりしている家族的な雰囲気の店。漆喰《しっくい》の浮き彫りの残る天井は黄ばみ、年代もののカウンターはすっかりすり減って、店全体が古い写真のセピア色に染まっているようだけれど、居心地のよさはそれでいっそう増すばかりだ。モンマルトルのこのあたり特有の、戦前を思わせるノスタルジックな空気にみごとに融けこんだ、というよりむしろその空気を支える大切な一要素となっているビストロなのだ。

香りのいいラタトゥイユを添えた子羊のローストは、中心がきれいなバラ色で柔らかく、最高の焼きぐあい。煮こみのほうも、肉がハラハラとほぐれるほどよく煮こんだ羊の頸肉に、緑のサヤインゲンとふっくら煮えた白インゲンが添えられて、味も彩りもすばらしい。品数は少ないけれど、この店の料理はいつも信頼がおけるのだ。でも今日の料理が2品とも羊なのはなぜかなあ、などと言いながら、強く濃いミネルヴォワのグラスを傾ける。

これでおしまいではもの足りないので、チーズを注文し、もう一杯ずつワインを頼みましょう、ということになった。ところがここで少しヘマをしたことに気づいた。さて何にしようか、今からもう少し軽めの酒に戻るかなあ、と思案していたら、若主人のレジス君が「もっと軽い酒で始めればよかったのに。もう、このままミネルヴォワを続けるしかないですよ」と、可愛い顔に似あわず強硬なことを言う。瓶で取るワインにはマディランやフィトゥなど、南の銘酒が他にもあるが、グラスワインではミネルヴォワがいちばん強い、いい酒だったのだ。ワインリストを前にあれこれ試したいモードになっていた私と友達は、シュンとして、一言もなく彼の勧めにしたがったのだった。

運ばれてきたチーズは、大きなガラス器に入った巨大なロックフォールがなんとそっくり1個。この店では、パテもテリーヌもチーズもみな大きなまま出てきて、客が勝手に好きなだけ切りわけて食べるのだという。すでにかなりお腹がいっぱいになっていて、せっかくの機会なのにほんの少ししか味見できなかったのはじつに残念だった。次回はきっと腹ペコ状態で来るぞ。

「ネゴシアン」というのは、ワインを樽で買い集めて瓶に詰め、必要であればブレンドもし、ラベルを貼って流通経路に乗せる卸業者のこと。ワイン業界を牛耳るのはつねにこのネゴシアンたちだけれど、モンマルトルの「ネゴシアン」にはそんな偉そうなところはみじんもなくて、ワイン好きがいつの間にか集まってワイワイと飲み、かつ食い続けられる幸せな場所となっている。ここなら、気負わず自然にワインのことが覚えられそうだ。

Gigot d'agneau……11ユーロ
子羊の股肉のロースト

Bleu d'Auvergne……5.40ユーロ
オーヴェルニュのブルーチーズ

Aux Négociants
27, rue Lambert 75018
☎01・46・06・15・11
ⓂCHÂTEAU ROUGE
㊢12時～14時30分、19時～22時30分
㊡土、日、祭日
予算：アラカルト15ユーロ～

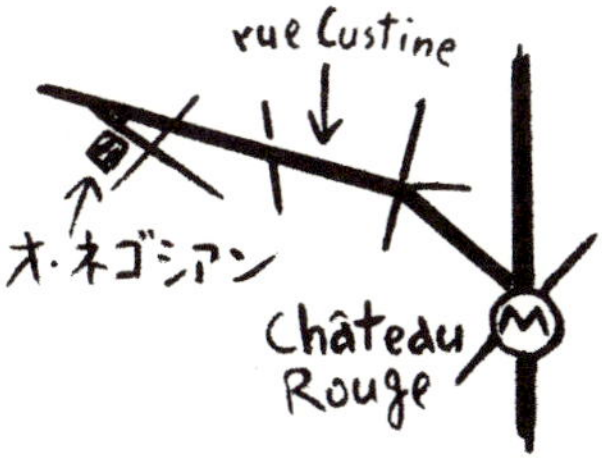

歓楽街バスティーユの下町カフェ

ル・カフェ・ド・ランデュストリ　*Le Café de l'Industrie*

私の通った中学、高校は新宿の歓楽街の外れにあったので、13歳から18歳までのいちばん多感な時期を、酔っぱらいや路上生活者、飲み屋やジャズ喫茶に囲まれたすばらしい環境の中で過ごした。いつの間にか、少々怪しげな喫茶店に入りびたったり、学校をサボッて名画座に行ったりすることも覚えた。おかげで、今でもこぎたない路地や、衛生上問題のありそうな飲食店の並ぶ界隈《かいわい》を歩くと、あ、こういうところはよく知っている、と思う。

パリの街になみなみならぬ親しみを感じたのも、この思春期の体験のせいかもしれない。帰国するたびにツルピカに改造されて新しくなっていく東京とくらべ、パリの街は汚い。電車は暗いし、地下道は臭い。犬の糞の話はもう今さら繰り返す必要もないほど有名で、抗菌グッズや防汚商品に保護されて暮らす日本のみなさんには耐えがたいであろう不潔さなのだ。でも、超清潔なスイスやドイツに旅行すると、パリのゴミだらけの街角やオシッコ臭いメトロがなんとも人間的で懐かしくなる。

近年トレンドと騒がれてきたバスティーユやオベルカンフあたりの雑然としたいかがわしさは、そんなパリの中でもきわだっている。よくこんなところを日本の雑誌が若い女の子に紹介するなー、と人ごとながら心配になるくらい、じつはうさん臭い界隈だ。もともとが下町の、職人の工房や町

タルタルステーキ（左）は自分で薬味を混ぜて味つけをする。

お金持ちで旅行家の大伯父さんの別荘、といった雰囲気です。

工場、小商《あきな》いの店が軒《のき》を接する地区だったところへ、バー、カフェなど水商売の店が増え、さらに若者相手の貸しビデオ屋や刺青《いれずみ》の店、スシ・バーが混じったから、今や混乱のきわみ。ラップ通りやロケット通りなんて、ほとんど昔の新宿歌舞伎町状態で、衛生的にも治安的にもかなりアブナイ。

一方で、昔ながらのきれいな路地や中庭もたくさん残っていて、この辺をフラフラと歩くのは大好きなのだけれど、人も店の数も多いわりには、お茶を飲んだり食事したりできる地元風の落ち着いたカフェやレストランが少なくて苦労する。遊びに来る若者をターゲットにしたはやりの店は、ヘンに今風でチャラチャラと調子だけよくて、感じが悪い。

そんな中で安心して行ける店といったら、朝市の立つリシャール・ルノワール通りから少し入ったところにある「ル・カフェ・ド・ランデュストリ」だろう。

以前は職人のアトリエだったたという、地味だけれど端正な外観がまず魅力的だ。広い店内は薄黄の壁がいい感じに日に焼けて、その壁一面にかけられているセピア色の写真や肖像画、古い鉄砲や弓矢のコレクションとしっくり調和している。ワニの皮や亀の甲羅、木彫りの面があったり、ゴーギャンが描くような裸婦の写真が飾られていたりするのは、その昔にはやった植民地趣味だ。

食事どきでも飲みものだけ頼めるので、私と夫は初めのうち、もっぱらコーヒーを飲みに寄っていたのだけれど、近所に住む音楽家のユウジ君が、この店の料理はなかなか悪くない、と教えてくれた。「コック・オ・ヴァン」だとか「タルタルステーキ」みたいな昔の定食屋風の料理がいつも食べられるし、日替わり料理には「クレオール風細切りタラ」なんて、とてもカリブ海っぽい一皿もある。この店のタルタルステーキは、生肉と何種類もの薬味が皿に並べられていて、肉の上には生卵が飾られ、自分で好きなように混ぜあわせる方式で、私はすっかりファンになってしまった。つけあわせのグラタン・ドーフィノワも申しぶんないおいしさだ。

次から次へと客が入る人気カフェだけれど、広いのでまず座れないということはない。給仕の若い人たちがテキパキとよく動いて、サービスが早いのにも感心する。ユウジ君によれば、十数年前の開店時から、メニューも店の人の態度もほとんど変わっていないそうだ。ただひとつの変化は、開店以来ずっと土曜日が休みだったのに、最近年中無休になってしまったこと。夜中まで興奮した人の波が道にあふれてお祭り状態が続く週末のバスティーユで、そんな騒がしい日はいっそ休んでしまえ、という偏屈な姿勢が好もしいなと思っていたので、ちょっと残念な気もする。

料理にも店の様子にも、古きよき時代のカフェの落ち着きがあって、歓楽街のバスティーユにいるとは思えないのんびりしたひとときを過ごすことができるこの店。古くて暗くて汚いパリだからこそ、今だにこんな昔風のカフェや路地や中庭が、ひっそりと生き残っているんだろうな。

Soupe du jour……4.50ユーロ
今日のスープ

Entrecôte poêlée, gratin dauphinois……12.50ユーロ
リブロースステーキ、グラタン添え

Le Café de l'Industrie
16, rue Saint-Sabin 75011
☎01・47・00・13・53
ⓂBRÉGUET SABIN
㊇10時〜翌午前2時
年中無休
予算：アラカルト15ユーロ〜

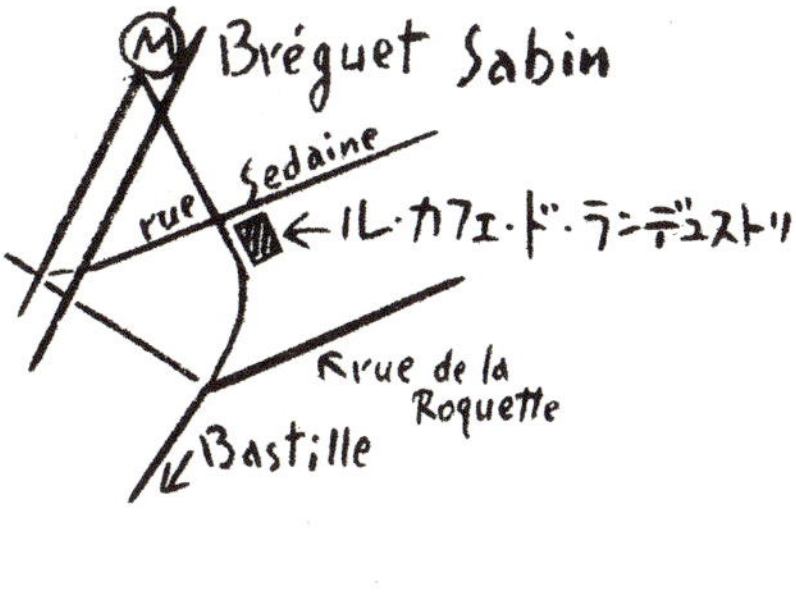

「最優秀バゲット」店の自慢のサンドイッチ

ジュリアン　*Julien*

自宅の近くにおいしいバゲットを売っているパン屋があるかどうかは、フランスに住む人にとってはかなりの重大問題だ。朝起きて、寝ぼけまなこでパンを買いに行く。焼きたてのパンの香りをかいでいるうちにやっと目が覚めてきて、パリパリの皮を味見しながら帰途につくと、なんだか幸福な気分で鼻歌のひとつも歌いたくなる。一日がこんな風に始まったら最高だ。

朝食から夕食まで、フランス人にとってバゲットは日本人にとっての米のご飯のようなものだから、そして議論好きのフランス人のことだから、どこがおいしい、いや最近あそこはまずくなった、この店のほうがずっとおいしい、と寄るとさわると品定めが始まる。

しばらく前からパリ市では、毎年優秀なパン屋を選んで「パリ最優秀バゲット」賞を授与しているが、今年の優秀バゲットの店が新聞に発表されると、その日からそのパン屋の店の前には長蛇の列がたえない状態になる。フランス人はかなりよく焼けたバゲットが好きで、その優秀バゲットを賞味してみると「エッ、こんな固くて焦げたのが……?」と唖然とさせられることも。

ふつうのバゲットよりいい原料を使った、しっかり噛みごたえのあるバゲットを「トラディショネル」とか「フリュット」とかの別名で、高い値段をつけて売ることも一般的になってきた。いわゆる名店といわれるパン屋から有名人店主がやってきて、店頭で高い特製バゲットの実演指導・販

バゲットにはシンプルなハムやカマンベールが、幅広のパヴェには凝った具が入っている。

12年前開業。ご主人はノルマンディ出身。

売をする、という商魂たくましい売りこみ方も登場した。ただこの手の特製バゲットを導入したところは、それ以来ふつうのバゲットの味が落ちるというケースが多々あって、ちょっと悲しい。

そんな中で、一貫してバゲットの味が変わらないと評判なのが、サントノレ通りにある「ジュリアン」だ。1995年にバゲット・コンテスト1位に輝き、1997年には2位。

ここのバゲットは皮がパリッとして焦げすぎず、中はしっとりと柔らかく、裂いてみると身が筋状に分かれる。ケーキ類も、数は多くないけれどなかなかおいしく、我が家ではクリスマスのビュッシュ（薪の形のケーキ）やバースデーケーキをここで買うことが多い。

この店の定評あるパン類を使ったサンドイッチが、またすばらしく美味である。

ふつうのバゲットにハムやチーズをはさんだシンプルなものから、パヴェ（石畳）という平たいパンにカレー味のチキンを詰めたもの、生ハムとマスカルポーネ、ローストポーク、スモークサーモンをはさんだものなど、選択肢はおそろしく多い。しかもパヴェは中の具によって、ケシの実入り、オリーブ入り、シリアル入り、胡麻入りなど、それぞれ工夫がこらされている。パンがよく、具が新鮮で吟味されているから、その辺のカフェで食べる軽食なんかくらべものにならないほど満足度が高い。食パンを使った英国風サンドイッチは、なぜかスウェドワ（スウェーデン風）というネーミング。3段重ねのピタパンに生ハムをはさんだのもこってりとして食べごたえがあるし、それぞれ違った具をはさんだ5個のミニパンの盛りあわせ「プラトー・ド・ミニ・サンドイッチ」も楽しい。サンドイッチ以外には、ハムやサラダなど簡単なお惣菜の盛りあわせも置いてある。

昼どきには、大きなウインドウにできたてのサンドイッチが次々と運ばれてきて、何人もの店員さんたちが、ちょっと殺気だった、といいたいくらいのスピードで手ぎわよく客の注文をさばいてゆく。それでも店の外に長く続く客の列は、歩道からあふれるほど。

12時近くなると、何本ものバゲットを袋に入れて抱えていくレストラン従業員の姿が目立つようになる。遠くからバイクで買いに来ている店もあり、「ジュリアン」のパンがいかにプロに信用されているかがわかる。エプロンのポケットにバゲットを突っこんだまま、店の前で立ち話しているカフェの女主人。その横では、暗いうちから働きづめだった早番のパン職人の若者たちが、通用口の前に出て一服している。この小さな店全体で、30人もの人間が働いているのだという。

スーパーの大量生産パンや冷凍パンの隆盛で、伝統的パン屋の数も減少の一途だと聞くけれど、「ジュリアン」は2年前にヴェルサイユにも支店を開き、あいかわらず大盛況の様子。行列してモノを買うのが大嫌いな私も、パン屋だけは行列の長いところに決めている。

Sandwich pavé, poulet curry……3.55ユーロ
カレー味チキン入りパヴェ・サンドイッチ

Plateau de mini sandwich……4ユーロ
ミニ・サンドイッチの盛りあわせ

Julien
75, rue Saint-Honoré 75001
☎01・42・36・24・83
ⓂCHÂTELET
㊒6時30分～20時
㊡日
予算：サンドイッチ2.60ユーロ～

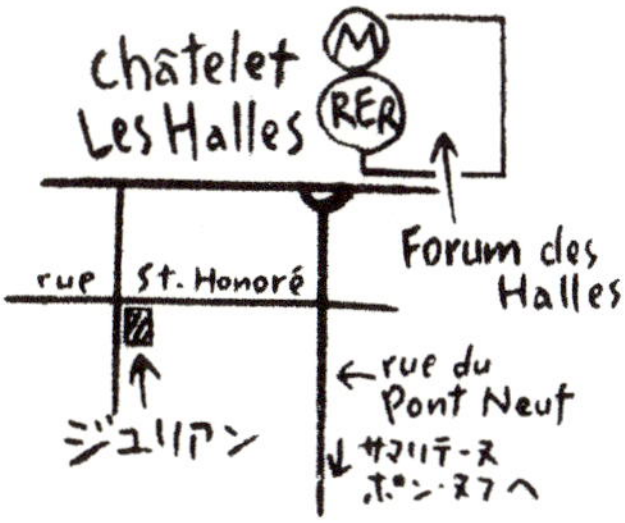

そら豆の揚げ団子、ファラフェル入りピタパン

シェ・マリアンヌ　Chez Marianne

黒い帽子をかぶり、胸まで届くあごひげに黒服のユダヤ男性の姿が、影のように視界を横切る。細い路地の両側に、ユダヤの星を印した安食堂やお惣菜屋が続くマレ地区のロジエ通り。ひっきりなしに通る観光客の群れさえ気にしなければ、この異国的な一角には、戦前のベルリン、ワルシャワなどヨーロッパ各地に存在したユダヤ人街の匂いが、まだわずかに残っているようだ。

マレ地区はしょっちゅう歩きまわっているし、中央ヨーロッパと地中海の味覚が不思議に混じりあったユダヤ料理にはずっと興味があったのだが、ユダヤ人の知りあいがないせいか、長いあいだ彼らの料理をうまく味わう機会がなかった。ロジエ通りを歩くついでに、胡麻やケシの実入りのずっしり重い菓子を買ったり、ニシンの酢漬けを買ったりしてみたけれど、どうひいき目に見てもあまりおいしくない。ちゃんと評判の定まった店なら大丈夫かと思って、界隈《かいわい》一の老舗「J・ゴルデンベルグ」の昼定食を試したが、これにもまったく感心しなかった。もう「ユダヤ料理はフランス料理やイタリア料理より劣等である」と決めつけたい衝動に駆られたとき、偶然「シェ・マリアンヌ」のピタパンサンドに出会ったのだった。

ロジエ通りからオスピタリエール・サン・ジェルヴェ通りに曲がる角に、濃い赤の日よけを巡らし、緑のツタと植えこみに囲まれた、田舎の旅籠《はたご》みたいな愛らしい建物がある。裏にテラス席が並

暖かい季節は、ツタやツルバラに囲まれた外のテラスが快適。

右はナス入り3・65ユーロ。焼肉やタラマペースト入りも注文できる。

んでいるから明らかにレストランだが、ユダヤ風というより古きよき時代のフランス風。入り口の横には窓があって、何か食べものも売っている。すぐ近所に住む友人を訪ねるところだったので、昼どきだからサンドイッチでも買っていこう、と思いついた。屋台風の窓口には酢漬けのコルニションヨン（ピクルス）の壺や唐辛子ソースが置かれ、お兄さんがせっせとピタパンに野菜や揚げ団子を詰めている。これがうわさに聞くユダヤ名物のサンドイッチ「ファラフェル」だということはすぐわかったが、その揚げ団子が肉ではなくそら豆粉を使ってあること、ファラフェルというのはその揚げ団子の名前だということは、ずいぶんあとになって知った。

丸いピタパンにキュウリとトマトのサラダ、赤キャベツの酢漬け、玉ネギのスライスをぎっしり詰めこんで、ドレッシングをかけた上に熱々の揚げ団子が4つ。0・3ユーロ足せば、これにナスの炒めものが加わる。他に焼肉の「ケフタ」を足したり、タラマペーストを入れたりというバリエーションも可能だが、基本は野菜と揚げ団子。野菜はかなり酸味が強く、サラダというより漬物っぽい味だ。きれいにアルミホイルで包んでくれるけれど、なにしろ具だくさんだから、食べているうちに上から野菜がこぼれ落ちるし、下から汁がしみ出すしの大騒動となる。シャツも汚さず、団子も落とさず（野菜はどうしても落ちてしまうのです）、なんとか無事に食べ終わったときの満足感。野菜をたっぷりとるので、じゅうぶん満腹なのに胃が重くならない。

以来、日本から来た友人が「フランス料理はヘビーで」とか「野菜が不足ぎみで」と訴えるたびに、この「シエ・マリアンヌ」のファラフェルの立ち食いを勧めている。

ファラフェルを買うには手順がある。窓口で直接注文するのではなく、まず右手のデリカテッセンに入ってレジでお金を払い、そのレシートを持って窓口に行くこと。また、落とさないで上手に食べる自信がなかったら、窓口に置いてあるプラスチックのフォークをもらうほうが安全だ。

もちろん外のテラスや、壁に酒瓶のずらりと並ぶほの暗いレストランの中で、ちゃんと座ってユダヤ料理を試してみるのもいい。20種類以上もある前菜の中から好みのものを数種類選ぶ「アシエット・マリアンヌ」など、手軽な昼食向きのメニューがいくつもある。この店の味の傾向はロシアや東欧よりも、むしろレバノンあたりの中近東料理に近いような気がする。店のロジエ通りに近い側は、お惣菜や香辛料、調味料をいっぱいに並べたおいしそうなデリカテッセンになっているから、テイクアウトをするにもたいへん好都合。

歴史的建造物の並ぶマレ地区の路地を、ファラフェルからこぼれた野菜であまり汚さないようじゅうぶん注意して、キレイに立ち食いしてください。

Sandwich Fallafel……3.35ユーロ
ファラフェルのサンドイッチ

Chez Marianne
2, rue des Hospitalières Saint Gervais 75004
☎01・42・72・18・86
ⓂSAINT-PAUL
㊫11時～19時。レストランは12時～15時、19時～22時
㊡金
予算：アシエット・マリアンヌ10～17.50ユーロ

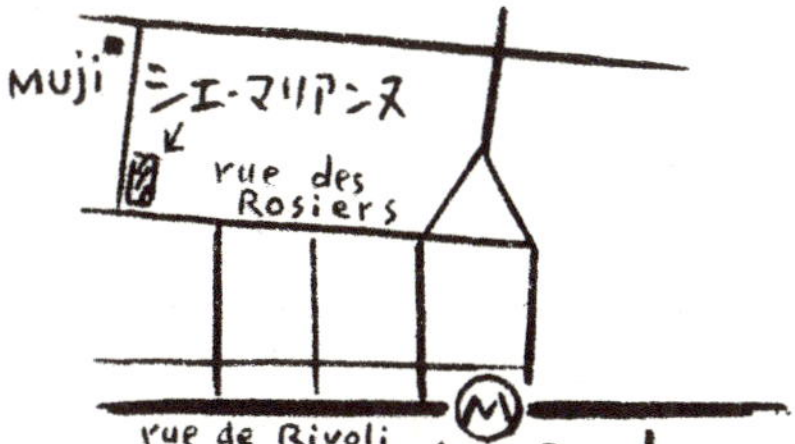

スープを飲んでいれば安心

ル・バール・ア・スープ　*Le Bar à Soupes*

「大きくなりたかったらスープをちゃんと飲みなさい」というのは、食事どきにフランスの子供がいちばんよく言われるセリフかもしれない。

子供に栄養をとらせたい母心はどこの国も同じで、日本の母親がせっせと味噌汁を作るように、フランスの母親は野菜を何種類も細かく切って、コトコトと煮て、つぶして、夕食のテーブルに毎日熱々のポタージュを登場させるのだ。田舎では昔、一日の農作業のあいだずっと火にかけられていた大鍋のスープが、その日の夕食になったという。収穫の少ない貧しい年には、野菜やイモだけのスープ。豊かな年には肉の入った豪勢なスープ。いずれにしてもスープという言葉には、ちょっと田舎っぽい、そして暖かい家族団欒のイメージがある。

今はスーパーに行くと、フリーズドライのものやパック入り、缶詰など、あらゆる種類と製法のスープが棚にぎっしり並んでいる。味はあまり感心したものではないけれど、毎晩スープを飲めばとりあえず栄養はとれる、という安心感があるに違いない。共働きの忙しそうなカップルなどが、カートに何箱も積み上げて買っている。

お腹をこわして、日本なら梅干しにおかゆ、という場合にも、フランスではスープを飲む。大病後の、まだ体が弱っているときは、澄んだブイヨンを。そして元気が出てくるにつれ、だんだんに

本日の特製野菜スープ（左）とショウガ味のトマトスープ（右）。パンも無添加です。

店内は明るく清潔で、お店の人も親切。

濃いポタージュを。私もけっこう胃腸が弱くて、食べすぎるとすぐ胃痛で七転八倒するハメになるのだけれど、一日絶食したあと、ニンジンやジャガイモのポタージュを口にするたびに、世の中にこんなに優しくて滋養たっぷりの食べものが他にあるかしら、とつくづく思ってしまう。

日本から旅行でやって来た友人たちが、張りきりすぎて下痢や発熱でダウンしたとき、おかゆやポタージュをホテルまで届けることもある。そんなとき、パリの街なかで簡単にスープを飲める店があったら、ずいぶん助かるのにと思う。定食屋などで「今日のスープ」を出すところもあるけれど、かならずスープがあるという店は案外少ないし、やはりあとでメイン料理をちゃんと取らなければかっこうがつかないのが、病人には辛い。

バスチーユの東側、若者で賑わうシャロンヌ通りに、可愛いスープどんぶりの絵をあしらったスープ・バーの看板を見つけたのは、つい最近のことだ。ニューヨークあたりではスープ・バーが流行していると聞くし、この店もきっとアメリカ風健康フリークの若者相手の、流行に乗ったいいかげんな食べもの屋だろう、と最初は冷ややかに眺めていたのだが。

黒板に書かれた「今日のスープ」のリストを読んだら、ちょっと印象が変わった。「シナモン風味のカボチャのポタージュ」「チーズ入りブロッコリのポタージュ」「ベーコン入りレンズ豆のポタージュ」などなど、計6種類。どれも一工夫あって、いかにもフランスの匂いのするスープばかり。思わず味見してみたくなる内容だ。店内で食べると一杯4~5・4ユーロで、小さなパンがつく。これにチーズかデザート、グラスワインかコーヒーをプラスした昼のコースが8・40ユーロ。テイクアウトもできる。学校帰りの小さな女の子を連れたお母さんが、紙のカップにスープを詰めてもらっている。どうやら理想通りの店を見つけてしまったようだ。

スープのカウンターには番号のついた鍋が湯気を立てて並んでいるから、指さして注文することができて便利。パンもシリアル、胡麻入り、ケシの実入りなど5種類あって、好きなのを選べる。

大きめのボウルにたっぷりと入れられたレンズ豆のポタージュが、重いフランス料理続きで少々疲れていた胃袋に気持ちよく収まっていくのがわかる。

注文を聞いてスープをよそい、盆にのせるのから会計まで、一手に引きうけててんてこ舞いしている店主のアンヌ＝カトリーヌさんの話では、なじみの八百屋で仕入れた新鮮な野菜を使って、毎朝6〜7種類のスープを用意するという。内容は日ごとに変わり、夏には「ココナツミルク入りニンジンスープ」とか「ミント味のキュウリのスープ」など、冷たいスープも登場するそうだ。

相棒のフロランスさんが作るレモンタルトやチョコレートケーキも、お腹にもたれないさわやかな味で、ふと気がついてまわりを見回すと、さすがに客は圧倒的に女性が多い。でも、二日酔いのオジサンやオフクロの味に飢えている学生サンにも、ピッタリの店だと思うのだけれど。

8.40ユーロの昼のスープ定食

Soupe de tomates au gingembre
ショウガ味のトマトスープ

Petit pain aux sésames
胡麻入りプチパン

Tarte au citron
レモンタルト

グラスワイン、またはコーヒー

Le Bar à Soupes
33, rue de Charonne 75011
☎01･43･57･53･79
ⓂLEDRU ROLLIN
㊔12時〜15時、18時30分〜23時
㊡日
予算：スープ1杯とパン5ユーロ〜

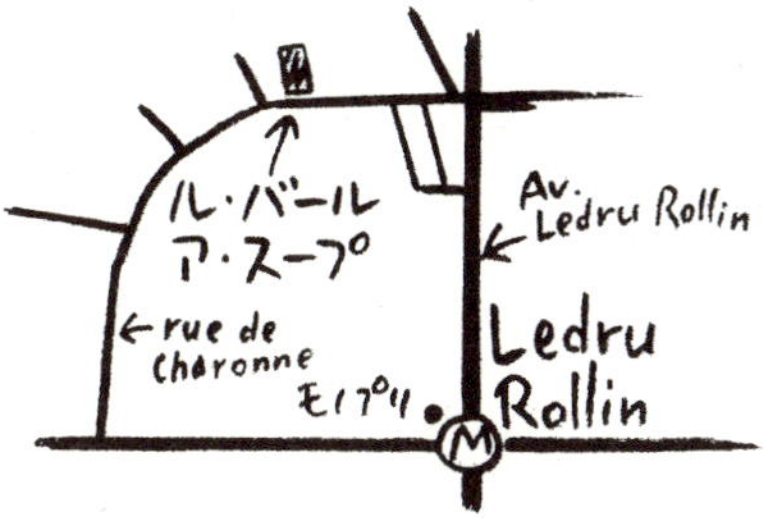

音楽博物館のテラスで軽いサンドイッチを

カフェ・ド・ラ・ミュージック　Café de la Musique

緑の並木がトンネルを作るサンマルタン運河のしっとりとしたたたずまいも好きだけれど、その流れがヴィレットの船だまりをへてウルク運河となり、東へ流れてゆくあたりのちょっとうら寂しい、忘れられたような風景も、パリの場末らしくて心にしみる。古い倉庫や工場の群れ。両岸のすり減った石畳。もう使われていない鉄道のガード。

その先は、とつぜん視界が明るく開け、ラ・ヴィレットの広大な都市公園が運河をはさんで両側に広がる。それまでのさびれた景色とは対照的な、建築模型がそのまま原寸に拡大されたような未来的な景観が、空間をきっぱりと区切ってこころよい。ここは30年前までパリ市の食肉市場と畜殺場があったところで、今は55ヘクタールの敷地の中に、科学・産業博物館「シテ・デ・シアンス・エ・ド・ランデュストリ」、コンサート会場「ゼニット」、特別展会場の「グランド・アル」などの建築が散在し、緑の遊歩道や屋根つき歩廊で結ばれている。

南の郊外にある我が家からはちょうどパリをはさんで反対側で、行くのにけっこう時間もかかるけれど、子供たちが小さいころはメトロを乗りついでよく遊びに行ったものだ。97年には、公園の南端に音楽博物館「ミュゼ・ド・ラ・ミュージック」が完成し、ラ・ヴィレットはますます魅力的な場所になった。最初のころの無機的で人工的な印象も、並木が大きく育つにつれ、柔らかでうる

音楽美術館の楽器のコレクションは見もの。ゆっくり廻って、午後のお茶にまたここに戻ってくるのもいい。

おいのあるものに少しずつ変わっていっている。

音楽博物館を含む総合施設「シテ・ド・ラ・ミュージック」には、広いテラスのあるカフェがついていて、わざわざ外の通りに出ないでもラ・ヴィレットの景観を眺めながら食事ができるのがありがたい。博物館をゆっくり見たあと、腰を下ろして一服するのにもいい。もちろんルーブルにしてもオルセーにしても、たいていの美術館は館内にレストランやカフェを備えているけれど、私がいちばん気に入っているのは、この音楽博物館の「カフェ・ド・ラ・ミュージック」だ。

ここは、できるならよく晴れた、陽射しの強い日に行きたい。

テラスには白いパラソルが並び、椅子のパイプが陽光にキラキラとまぶしく輝いている。広い石畳の中央には円形の噴水。その向こうには、牛の競り市に使われていた19世紀の鉄の建築「グランド・アル」がそびえている。景色の中に点在する赤い小さな立方体の建物は「フォリー」といって、案内所や売店などに使われ、同時に公園の目印と座標の役目も果たしている。青い空と無彩色の建物の連なりに、赤いフォリーが心憎いばかりの効果だ。冷たい飲みもののグラスを片手に、テラスの椅子でのんびりしていると、涼しい風が広場を渡ってくる。

カフェといっても、この店の食べものはレストラン顔負けの多彩さだ。イタリア料理っぽいペンネやカルパッチオ、リゾットがあるかと思うと、定食屋風のタラのブランダッドや鴨のコンフィも食べられる。中でもブッフ・ブールギニヨンやタルタルステーキなど肉料理の欄が充実しているのは、長いあいだ食肉市場だったヴィレットの伝統によるもの。昔からヴィレットのレストランといえば、名物は牛肉料理と決まっている。ステーキもロース、フィレと部位別に選べる。

食欲のあまりないときには、ベーコンやゆで卵、野菜、鶏の白身が入った豪華版四段重ねのクラブサンドイッチを取るのがいい。オーロラソースが添えられていて、つけあわせのチップスもなかなか美味。フランスのカフェには珍しく、本格的なアイスコーヒーやアイスティーもあるので、日本の喫茶店風の軽いお昼が食べたいな、という気分のときはたいへん好都合だ。

店内に入って、濃淡の緑に臙脂《えんじ》をあしらったモダンなインテリアを鑑賞しながら、ゆったりとした椅子で休めば、テラスとはまた違った優雅な時間が過ごせる。部屋の隅のグランドピアノからいつも控えめな、それでいて快いメロディが流れてくるのも、ふつうの安っぽいピアノ・バーとは違って、さすが音楽の街の「カフェ・ド・ラ・ミュージック」。

こういう古い建築物や空間を破壊せずに、上手に利用して新しいコンセプトのスペースを創り出すことが、フランス人はほんとうにうまいと思う。

Club sandwich et chips……11ユーロ
クラブサンドイッチ、チップスつき

Café glacé……4.60ユーロ
アイスコーヒー

Café de la Musique
Cité de la Musique/213, avenue Jean-Jaurès 75019
☎01･48･03･15･91
ⓂPORTE DE PANTIN
㋲7時～翌午前2時
年中無休
予算：アラカルト46ユーロ～

年末・年始のご馳走はシャルルの白ブーダン

シャルキュトリ・シャルル Charcuterie Charles

アンリ4世の銅像の立つポン・ヌフを渡り、セーヌ左岸のドーフィーヌ通りに入ってすぐ、間口の狭い商店やカフェが軒を連ねるあたりに、よっぽど気をつけていないと見過ごしてしまいそうな小さなお惣菜屋さんがある。昔風に飾りつけたショーウインドウ越しに、ぎっしりと並ぶソーセージやパテに気がついたとしても、わざわざ横の小さな扉を開けて店内に入るのはちょっとためらわれる、といったたぐいの店。

ここがパリ一おいしいシャルキュトリ（豚肉製品店）と評判の高い「シャルル」だなんて、言われなければ誰も気がつかない。だいいち入口の上の店名だって、古ぼけてあまり目立たなくなっている。でも一歩店内に入ると、棚いっぱいに並んだトロフィや表彰状、そしておいしそうな豚肉製品の数々に圧倒される。アンドゥイエットにサラミ・ソーセージ、テリーヌに頭肉のゼリー寄せ。中でも絶品とされるのが、ご主人のシャルルさん手作りの白ブーダンだ。

豚の血と脂を使うグロテスクな黒ブーダンと違って、白ブーダンは白身肉のすり身に卵、脂身、牛乳などを合わせた、臭みの少ない食べやすい腸詰めだ。地方によって原料も変わり、鶏肉だったり子牛肉だったり、豚肉だったり。白身魚や鮭のブーダンというのもある。丸ごと温めてもいいが、斜めに薄く切ってバターで炒めるとカリッと香ばしく、風味がさらに増す。数片をサラダ菜にのせ

いちばんシンプルな白ブーダン「ナチュール」は1kg23・50ユーロ。

黒ブーダンやアンドゥイエットも食品コンテストで入賞。

れば前菜だし、リンゴの炒めたのを添えれば簡単なメインの一品となる。

どこの肉屋でもスーパーでも一年中売られているポピュラーなお惣菜だけれど、店によって値段も味もピンからキリまで。「シャルル」の白ブーダンはふつうの肉屋の倍くらいする超高級品で、最初に買ったときは値段を聞いて思わず絶句した。でも、あのふんわりと柔らかく舌にからみつく泡雪のような極上ブーダンを一度味わってしまったら、この値段にも文句は言えません。

ヘーゼルナッツ入りやマロン入り、トリュフ入りなどのヴァリエーションが8種類。最高は1キロ43・45ユーロもするトリュフ入りだが、白状すると、トリュフのおいしさって私にはいまだによく理解できないもののひとつである。で、いま私がいちばん気に入っているのはくるみ入りのもの。秋に収穫した新鮮なくるみの香りと歯ざわりがすばらしい。

白ブーダンの季節といえば、やはりノエルからお正月にかけてだろう。クリスマスの深夜ミサのあと、冷え切った身体を暖めるために食べた熱い牛乳がゆが、中世以来だんだんに変化して肉入りになり、腸詰めとなったという。凍てつく石造りの教会で迎える荘厳な聖夜と、湯気をあげた熱々の白ブーダンの取りあわせはなんとも意外で愉快だが、またじつにフランスらしくもある。

最近はこの風習もほとんど姿を消したようだけれど、その代わりに白ブーダンは、ノエルやお正月に食べるご馳走として洗練されていった。そのきわみともいえるのが「シャルル」の白ブーダンだ。我が家も日常は近所の肉屋のブーダンで間にあわせているけれど、オデオンあたりに用事で出ると「あ、シャルルに寄ってみよう」ということになる。

この味だけは日本には運んで行けない、と日本の友人たちをくやしがらせていたのだが、最近はシャルルでも真空包装機を購入したらしい。「おみやげにするなら真空パックも可能ですよ」と、店のオネエサンにニッコリされてしまった。ただ、お惣菜を買いに来る常連客で狭い店内がいつも混みあっているので、真空包装を頼むのはやはり少々気がひけてしまう。

いつだったか店先で、くるみ入りにしようか、栗もいいかなと迷っていたら、近所に住んでいるらしい腰の曲がったお年寄りがにこやかにあいさつしながら扉を開けて入ってきて、白ブーダンを1本だけ買うと袋をしっかりと胸に抱えて帰っていった。遠い将来の我が姿を見るようで、ちょっと切ない一瞬でありました。

Boudin blanc aux noix……27.15ユーロ/kg
くるみ入り白ブーダン

Charcuterie Charles
10, rue Dauphine 75006
☎01・43・54・25・19
ⓂODÉON
㊔8時30分～14時、16時～20時
㊡土、日
7区、13区にも支店あり。
135, rue St-Dominique 75007
☎01・47・05・53・66
26, rue Dumeril 75013
☎01・43・31・97・87

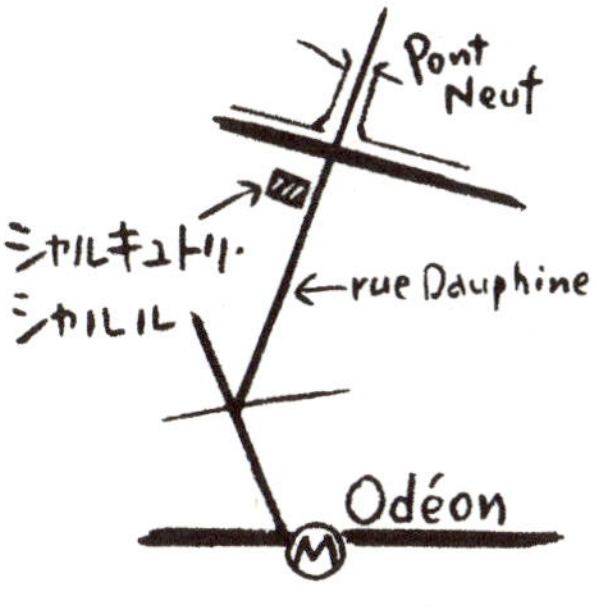

イタリー大通りで熱々のフーガスを

ル・グルニエ・ア・パン　Le Grenier à Pain

フーガスという食べものの名前を知ったのは、フランスに来て間もないころ、フランス語の勉強のつもりで、マルセル・パニョルの映画「パン屋の女房」の脚本を読んでいたときだ。

農夫がパン屋に塩抜きしたアンチョビを持って来て、明日は釣りに行くからお弁当にフーガスを作ってほしい、と頼む。パン屋は朝4時に熱々のアンチョビ入りフーガスを焼き上げ、「ほら、お尻が暖まるよ」と獲物袋に入れてやるのだ。パン屋が作るのだからパンの一種なのだろうけれど、しょっぱいアンチョビを入れるならピッツァに近いのかなあ、それともパイ生地だろうか、といろいろに想像しながら、さっぱり見当がつかないまま何年も過ぎてしまった。

その後、料理事典などを見て、フーガス（フーワス）がオリーブ油を混ぜた生地で作るプロヴァンス地方独特のパンであること、ベーコン、玉ネギなどいろいろな具が入ることを知った。南仏を旅行したとき、実物を食べる機会もあったのだが、本を読んで思い描いていた、アンチョビの香りが湯気と一緒に立ちのぼるようなパンにはほど遠い、ただ塩気の強い冷たいコッペパンみたいなものだったので、それきりフーガスへの興味は冷めていったのだった。

秋の新学期からパリの学校に通いはじめた娘がある日台所にやって来て、「学校の近所のすごくおいしいパン屋」のことを興奮して話しはじめたとき、給食から解放されて毎日安い外食を楽しん

中央の白い粉のついたパンがフーガス。これはオリーブの実入り。

甘い菓子パン類も充実しているので、おやつの時間にも寄りたい。

でいる彼女のいつもの報告がまた始まった、とあまり気を入れずにあいづちを打っていたのだが、「フーガス」の一言が耳に飛びこんで、思わず料理をする手を止めてしまった。

「昼にはキッシュやタルトもよく買うけど、なんといってもフーガスが最高。売り場には並んでいなくて、注文すると奥から持ってきてレンジで熱々にしてくれるの。私が頼むのはいつもモッツァレラとバジリコ入り。おいしいよー。ママもぜったい気に入ると思うけど」

で、腰の軽い母親はその数日後には、イタリー広場に近いうわさのパン屋「ル・グルニエ・ア・パン」に、勇んで出かけて行ったのだった。

なるほどその店は、ほこりっぽくて妙に近代的なイタリー広場近辺には珍しい、昔風のきちんとした店がまえ。看板に「今日のお勧めパン」が書き出してある。月曜から土曜まで、手をかけた特製パンを日替わりで作っているのだ。「イチジクとくるみ入り無漂白パン」「3種の干し果物入りパン」や「ヘーゼルナッツ入りライ麦パン」など、珍しく、いかにもヘルシーなものばかり。バゲットもボース地方の小麦とゲランドの塩を使用した由緒正しいものである、と解説されている。横の棚に並んだみごとなケーキ類にも心を奪われる。種類はあまり多くないけれど、どれも果物が惜しげもなく使われた贅沢なものだ。四つ切りの桃をのせた「プルーガステル」の可憐な美しさ。

ガラスに囲まれた奥のパン焼き窯では、何人もの職人たちが忙しく立ち働いている。その手前の籠に目あてのフーガスがひっそりと置かれていた。我が娘ご推薦のモッツァレラ入りはその日はなくて、オリーブの実入りとベーコン入りを買い、日持ちしそうなライ麦パンなどを何種類も買いこんで意気揚々と帰宅した。その晩の食卓でのパンの品評会の賑やかだったこと。

ベーコンの大きな塊がゴロゴロと惜しげもなく入ったフーガス、オリーブの香りが豊かに立ちのぼるフーガスをみなが争って食べ、娘は鼻高々だった。私はあらためて、獲物袋のなかに収まった柔らかく香りのよいできたてのフーガスを、目の前にありありと思い浮かべることができた。

「ル・グルニエ・ア・パン」は、もともとはアンジェのお菓子屋さんで、今は15区とブーローニュにも支店があるという。パリ中のスーパーやビストロにパンを配達し、日本にまで空輸を行なって企業化するポワラーヌの轍《てつ》を踏まぬよう、どうかあまり店舗拡大に勢力をそそがずに、おいしいフーガスを作り続けていってほしいと願うばかりです。

Fougasse à la mozzarella et au basilic……1.52ユーロ
モッツァレラとバジリコのフーガス

Pain complet aux figues et noix……1.68ユーロ
イチジクとくるみ入り無漂白パン

Plougastel Pêches……2.29ユーロ
桃のプルーガステル

Le Grenier à Pain
52, Avenue d'Italie 75013
☎01・45・80・16・36
ⓂPLACE D'ITALIE
㊒8時～20時
㊡日

テイクアウトにも便利な前菜「メッゼ」

フェイルーズ　Feyrouz

コンビニやスーパーでお惣菜がいくらでも買える日本とくらべると、フランスは家に持って帰ってすぐ食べられる食品の種類がかなり少ない。自分で料理をせず買ったお惣菜ですませよう、という場合にフランス人が行くのはシャルキュトリ（豚肉加工食品店）だ。ハムやパテはとてもおいしいけれど、全体にいささか脂肪分過多で、野菜料理が各種サラダくらいしかないのが寂しい。

こういうときには中国系のお惣菜屋さんが近くにあるととても助かる。なんといっても醤油味だし、種類がたくさんあるし、そのうえ安い。フランス人も北京ダックや揚げ春巻が大好きで、よく利用している。ただ、ちゃんとおいしい店はあまりなくて一苦労だが。

ギリシア料理やイタリア料理のお惣菜も、野菜ものが多くてテイクアウト向きだ。ユダヤ系のデリカテッセンというのも悪くない。けれど、こういったいわゆる地中海系の料理の中では、やはりレバノンのお惣菜がいちばん洗練されていて、中国料理と肩を並べる満足度の高さだと思う。

むかし住んでいたアントニーの商店街にはレバノン人経営の食料品店があり、ちょっと1品たりないな、と思ったときなどずいぶん重宝した。ピンク色のタラマペーストや焼きナスのピュレは、パンに塗ってもおいしい。揚げものもいろいろあって、オーヴンで温めればすぐ食べられる。オリーブ油が多用され、香辛料がふんだんに使われているから、慣れない人には食べにくいかもしれな

テイクアウト用のカウンター。パーティー料理の仕出しも頼める。

レストランの定食の前菜に出るメッゼ。これだけでもかなりの量。

いが、いったん覚えるとカレーやタイ料理と同じでやみつきになる。

パリの街にも気軽に入れる家庭的な雰囲気のレバノン・レストランが増えて、たいていはテイクアウトも可能だ。いちいち料理を選ぶのが面倒なら「前菜を2人前ほど適当に盛りあわせて」なんていうアバウトな注文の仕方もできる。レバノンの人というのはけっこう商才があり、こういうときにも安心してまかせられる。

地下鉄のデュプレックス駅近くのルールメル通りにある「フェイルーズ」は、そんなレバノン料理店の中でも古株。お惣菜の種類が圧倒的に豊富で、味もよく、テイクアウトには理想的な店だ。入口のすぐ横では、羊と鶏の2本の焼肉の串が並んでじゅうじゅうと煙を上げながら回転している。コブズという薄いお焼きみたいなパンにけずり落とした焼肉をはさみ、野菜やヨーグルトソースを加えて、あっという間にレバノン風サンドイッチができあがる。他にも焼鳥みたいに下ごしらえをした串焼きがたくさん置かれていて、注文があると目の前で焼いてくれる。

ショーケースの中にも上にも、横のアイスボックスの上までも、ところ狭しとお惣菜を入れたバットや大皿が並んでいる。白インゲン豆のサラダ。揚げナスに揚げズッキーニ。トマトソースで煮こんだオクラ。レンズ豆のピュレ。ケースの前のプラスチックの容器には、オリーブなどの漬物類が何種類も入っている。乾燥豆や穀物を多用するところが日本人にはとても親しみやすいし、ペースト状にした胡麻やナスの味わいはとても東洋的だ。こういう珍しい前菜を何種類も並べた祝祭料理がレバノン名物の「メッゼ」だが、「フェイルーズ」では2人前のミニ・メッゼ（7種類の前菜）から6人前のメッゼ・スーパーロワイヤル（20種類）105・50ユーロまで、人数に応じてテイクアウトができる。20種類のメッゼなんて、一度注文してみたいな。

前菜や今日の料理の並ぶカウンターの反対側は、菓子のコーナーだ。いろいろな風味のバクラヴァやナツメの練り菓子、ピスタチオの焼き菓子などが、これまたびっしりと積み上げられて壮観。

この店のものは、アラブ菓子にしてはずいぶん甘さひかえめだ。ナッツの香りと蜂蜜の甘さに誘われて、私はいつも一度に3個くらい食べてしまい、家族にあきれた顔をされる。

「フェイルーズ」のお惣菜売り場の奥と2階はレストランになっているので、もちろんテイクアウトせずにここで昼をすませてもいい。昼どきはいつもかなりの混み方になる。ここで食事するなら前菜は軽めにして、温かい今日の料理を試したい。肉詰めのナスとか、魚の煮ものとか、あまり他店では食べたことのない家庭的なレバノン料理が日替わりで味わえる。つきだしの酸っぱい野菜の漬物をボリボリかじるのが、また楽しみなのです。

Mini Mezze……45.75ユーロ(2人分)
7種類の前菜の盛りあわせ

Kebbé bel sanieh……12.75ユーロ
ケベ(羊ひき肉)のロースト

Feyrouz
8, rue de Lourmel 75015
☎01・45・78・07・02
ⓂDUPLEIX
㊚7時〜翌午前2時
年中無休
予算:レストラン昼定食10ユーロ〜、アラカルト25ユーロ〜

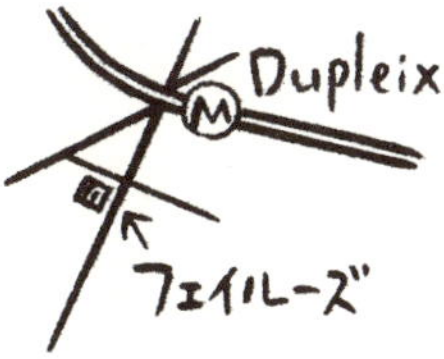

それでも時間がないときは

パリのレストランやカフェで食事をすると、いったいどのくらい時間がかかるのだろう。

ふつうのレストランや定食屋の昼食で、前菜からコーヒーまで取って、だいたい1時間半から2時間（夕食ならもっと）、カフェやワインバーなら一皿料理で軽くすませて一時間弱、というところか。それ以上早く食べたいとなると、日本みたいに軽食文化が発達していないフランスでは、かなり場所が限られてくる。

蕎麦屋やラーメン屋風にさっさとコトが運ぶのは、やはり中国系のテイクアウト惣菜店。この数年のあいだにますます店数が増えて、いまやパリの街でカフェの次に多いのはこの中国惣菜屋ではないか、パリがこのまま香港化してしまうのではないか、と本気で心配になるくらい、あちこちで見かける。焼きそばやチャーハンにおかずを1品添えて5～6ユーロという値段もありがたいし、店によってはヴェトナム風汁そば「フォ」や排骨麺《パイグーミエン》なども単品で食べられて、ほんとうにラーメン屋さん並みに便利だ。

もうひとつ、急ぐときに私が重宝しているのは、トルコまたはギリシア系の惣菜スタンドである。ケバブ（焼肉）の串がいい匂いを漂わせながら回転している店先で、焼肉サンドやフライドポ

ケバブの回転串。だんだんけずられて細くなる。

テトをつまむのもいいし、皿にサラダ菜と焼肉を盛ってもらって店内で食べるのもいい。でももっと嬉しいのは、焼肉だけでなく煮こみなどの一品料理がある店だ。ひき割り小麦やバターライスに煮こみをかけて、カレーライスみたいに食べる。これも5ユーロちょっとで、店によっては紅茶のサービスがついたりする。ただし、サンミシェルだとかシャトレあたりの観光客向けの店ではなく、オベルカンフやレピュブリック近辺の、フランスとは思えない雰囲気の店に入ること。オリエント風の人たちで混みあっていたら、だいたい信用がおけるはずです。

最近はフランス人も、こういう軽食店やマグドナルドで食事をするのに慣れてきたけれど、少し前までは、時間がないときの軽食といったら、パン屋で買うバゲットのサンドイッチかキッシュと相場が決まっていた。今でも街を歩いていると、通りのウインドウをのぞきこみながらサンドイッチをかじっている人がたくさんいるし、メトロの座席に座って菓子パンをモソモソ食べている人も珍しくない。彼らはきっと、ハンパにお金を使うくらいならいちばん安いものですませよう、と思っているのだろう。それになんといっても、立ち食いは時間がかからないのだから。

サンドイッチを買うなら、カフェのスタンドみたいなところではなく、きちんとしたおいしそうなパン屋で、種類もいろいろ置いてあるような店を選びたい。

パエリアに鶏のロースト、炒めジャガイモもある朝市のお惣菜屋。

露店のメルゲーズ。焼けるうちに余分な脂が落ちてカリッと締まってくる。

のみの市や露店市に行くと、ふつうのパン屋や軽食スタンドではお目にかかれない唐辛子ソーセージの「メルゲーズ」や、内臓ソーセージの「アンドゥイエット」を鉄板で焼いていて、バゲットにはさんでくれる。日本のお祭りのタコ焼きみたいなもので、熱々を食べるおいしさはまた格別。これらはかなり下品な食べもの扱いされるけれど、機会があったらぜひ試してほしい。

市といえば、朝市のお惣菜屋のスタンドでも、おいしそうなものがたくさん見つかる。差しわたし1メートル以上もありそうな大鍋の中で湯気を上げる、できたてのシュークルートやパエリア。「一人分（pour une personne）」と言うと小さなプラスチック容器に詰めてくれる。鳥肉屋では、鶏の丸焼きや股焼きがいい色に焼きあがっているし、その横のバットの、金色をしたつけあわせのジャガイモもホカホカだ。紙袋に入れてもらって、暖かい季節なら屋外のベンチで食べるのも気持ちがいい。

クレープを焼いている屋台もある。バターやチョコレートをサッと塗って折りたたみ、紙でクルッと巻いて渡してくれる。これは食事にはちょっともの足りなくて、デザートかおやつ向き。

フランスでは、立ち食いはお行儀が悪いと非難される行為ではなくて、いい年したオジサンもオバサンも平気でやっている。お金のない若者は、もちろん立ち食い派だ。

さて今日の昼ごはんには、どのくらい時間があるかしら。

クレープは単純な砂糖・バター入りがいちばんおいしい。

パリならではの外国料理レストラン、8軒

旧植民地をはじめ、世界中から人が集まってできた都市、パリ。
おいしい外国料理を食べさせるレストランが、驚くほどたくさんあるのは、
フランス人が外国の文化に敏感で、寛容なしるしかもしれない。

ラフマニノフ音楽院のロシア食堂

ラ・カンティーヌ・リュッス　*La Cantine Russe*

20世紀になって、たくさんのロシア人が故国を逃れ、パリにやって来た。まず最初は、レーニンやトロッキーをはじめとする革命家たち。そしてその革命が成功すると、入れかわりに貴族たちが、続いて音楽家、舞踏家、芸術家たちがつぎつぎに亡命してきた。すでにパリではディアギレフ率いる「ロシア・バレエ団」が大成功を収めており、パリの文化シーンはロシア熱とでも言いたいような興奮に包まれたらしい。コクトーやピカソ、ココ・シャネルたちの活躍した、このお祭りのような時代のことを想像すると、なんだかワクワクする。

こんな歴史を裏づけるように、パリには今でも由緒ありげなロシア料理店が何軒も存在する。キャビアとスモークサーモンが売りもので、値段はかなり高く、ぶ厚いカーテンを張りめぐらしていて室内は薄暗い。フランスでは、これが帝政ロシアのイメージとして定着しているのだろう。

私は20年以上も昔、横浜から船に乗ってモスクワ経由の鉄道でパリに入ったことがあり、ボルシチやピロシキやニシンの酢漬けみたいなふつうのロシア家庭料理のほうがキャビアよりずっと好きになってしまったので、フランスに住むようになってからはそんな高級ロシア料理店とはずっと縁がないままだった。ボルシチが食べたければ自分で作ればいいいのだ。

イエナにあるパリ市立近代美術館を見た帰りのこと、階段をセーヌ河岸まで下りてアルマ橋のほ

豪華なラフマニノフ風ブリニス。コップ酒は少々給食風だけれど。

亡命ロシア貴族の末裔みたいな老女が一人で食事していたりする。

うに歩きかけたら、横の大邸宅の入口に「ロシアのカンティーヌ」と書かれた不思議な看板が出ているのに気がついた。カンティーヌとは、学校給食や社員食堂のような集団相手の食堂、またはそこで出される安い食事のことをいう。セーヌを見下ろす高級住宅にはまったく似あわない単語だ。

恐る恐るのぞきこんでみると、中庭に抜ける廊下の途中に重い木の扉があり、レストランという表示が小さくついている。その中は地下へ通じる暗い階段だ。秘密クラブめいた雰囲気にワクワクしながら下りていくと、やはり会員制バーみたいな受付があり、横のサロンに通された。

リノリウムの床に、質素な赤い格子のビニール布をかけたテーブルが並んでいる。手作りの電気の覆い布や寄せ集めの椅子が、なるほどカンティーヌという雰囲気だ。部屋の上部にある明かり取りの窓から道を行く通行人の足が見えるのも、映画の一シーンみたいで気分が盛り上がる。さしずめサンクト・ペテルスブルグの労働者街の、ボルシェビキたちの集まる酒場、といったところか。

ウォッカでも傾ければさらにロシアムード満点だったろうけれど、一人だったのでおとなしく昼ごはんを食べた。燻製のニシン、サーモン、タラマペーストをのせた、豪華なロシア風パンケーキ「ブリニス・ラフマニノフ」だ。ブリニスは市販のものよりモチモチとした食感で味わいが深く、生クリームをたっぷりつけて食べると、これ一品でそうとうなボリュームになる。とりわけ、薄味のニシンにアネットの香りがよく合って、こってりとおいしい。運がいいと、このニシン添えのブリニスが17・70ユーロの定食の前菜につくこともある。メインが鶏ひき肉のコロッケ「ポジャルスカ」だったら、さらに嬉しい。この店、味に関してはぜんぜん安食堂風ではなく、私のロシア旅行の時の料理よりどうも全体にレベルが高そうだ。

店のパンフレットなどを見ているうちに、この不思議な食堂の由来がわかった。もともとサンクト・ペテルスブルグにあったロシア帝国音楽院が、革命後パリにそっくり移ってパリ・ロシア高等音楽院となり、初代名誉校長であった、かの名ピアニストの名を冠してラフマニノフ音楽院と呼ばれるようになる。つまりこのセーヌ河畔の大邸宅は、音楽学校だったのだ。地下の食堂は1931年以来、音楽院の教授や生徒たちに暖かいロシア料理を食べさせる学食として運営されていたが、90年代以降、独立したレストランとして一般客を受け入れるようになったという。店の片隅にはバラライカやギターが飾られ、宴会などの際にはツィガーヌの生演奏もあるというから本格的だ。

建物の裏にまわると緑に包まれた小さな中庭があり、ここにもテーブルと椅子が並んでいる。常連の音楽家たちはもっぱらこちらのほうに集まっているらしい。上階の音楽院からピアノやバイオリンの調べが風にのって流れてきて、地下とはまた違った優雅な雰囲気です。

Blinis Rachmaninoff (simple)……16ユーロ
ラフマニノフ風ブリニス

La Cantine Russe
26, avenue de New York 75116
☎01・47・20・65・17
ⓂARMA MARCEAU
㊖12時～14時、20時～22時
㊡日
予算：昼定食11.50ユーロ、定食17.70ユーロ、アラカルト20ユーロ～

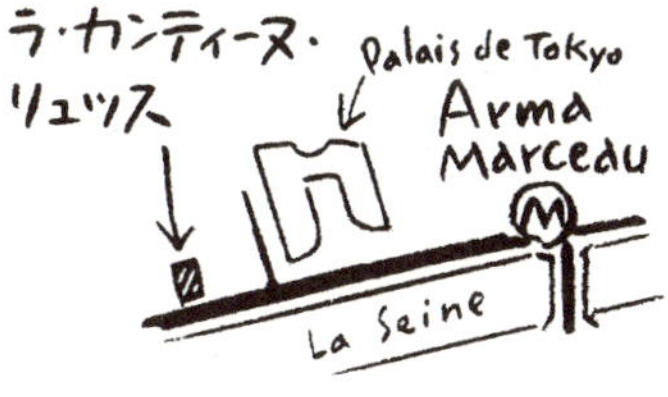

のみの市で本格ポルトガル料理

マリスケイラ・オ・ベイラオ　*Marisqueira O Beirão*

クリニャンクールののみの市に行くときは、なるべく早めに出かけることにしている。メトロ4号線の北の終点、ポルト・ド・クリニャンクールのさらに外側にあって、南の郊外の我が家からはかなり時間がかかるし、せっかく行くからには、あの広い市場をかけ足でまわるなんていう切ない思いはしたくない。なにしろ、じっくり端から見ていると、一日では終わらないくらいのスケール、店の数である。

「クリニャンクールののみの市」で一般的には通じるが、正式には「サン・トゥアンののみの市」。庶民には関係のないような高価な書画骨董・家具から、若い人向けの革製品・軍隊放出品、はては盗品まがいのガラクタまで、なんでも見つかる一大アンティークセンターだ。

家族連れの外国人観光客。それを目あてに集まってくるスリ。道ばたで開帳するインチキ賭博。まわりに群がるサクラ。焼きトウモロコシ売りに綿アメ売り。メルゲーズの屋台。のみの市が開く毎週末の、とくに午後は通りに人があふれ、身動きもとれないくらいになる。

できれば午前中に到着し、市の奥まで入りこんでしまいたい。ずっと動きやすいし、掘り出し物に出あう可能性も大きいというものだ。が、昼どきになってはたと困るのだった。

12時をまわると、かなりの数の骨董屋たちはさっさと屋台に覆いをかけて食事に行ってしまう。

ニンニクの香り豊かなアサリの炒めもの。左は干ダラの揚げ団子。

ポルトガル名物、干ダラのグラタン（右）とアランテージョ風豚肉。

店を閉めない連中も、店先に椅子を出し、パンや飲みものを並べてピクニック状態。それを見ているこちらも、お腹が空いてくる。ところが骨董街のメインストリート、ロジエ通りの近辺にはロクな食べもの屋がないのだ。観光客目あてのカフェは総じて高く、まずく、感じが悪い。

ポール・ベール通りあたりまでくると、やっと地元風の、値段もあまり高くないカフェがいくつかあり、骨董屋の店主たちが「今日の定食」を食べている。この辺でも悪くはないのだけれど、せっかくここまで来たのならもう少し足をのばして、ポール・ベール通りに直行するレキュイエ通りの奥まで、ポルトガル料理を食べに行ってみよう。

ここはもうのみの市の西のはずれに近く、さすがに観光客の数も減って、軒を並べる店もガラクタ倉庫かドロボウ市かといった怪しげな印象のものが増えてくる。その街並みにまぎれこむように、ポルトガル料理店「マリスケイラ・オ・ベイラオ」がひっそりとある。

一歩入ると、そこはもうリスボンの下町。背広を着てズボンのポケットに手を突っこんだ、チビでずんぐり体型のポルトガルおじさんの群れが、青と白のタイル張りの店内を歩きまわっている。ニンニクと揚げものの油の匂いが漂い、巻き舌のポルトガル語が飛びかう。週末になれば、同胞と会って郷土料理を食べるのを楽しみに、みなこのパリの街はずれまでやって来るのだろう。

ショーケースの中のエビやカニ、それに大きな水槽を見てもわかるとおり、この店は魚介料理が専門で、スズキやタイ、イカなどをさっと焼いて食べさせてくれる。フランスでは珍しいアサリの炒めものもある。大量のニンニクを刻み入れ、サフランとコリアンダーをきかせたアサリの、ふっくらとして美味なこと。うまみの溶け出したオリーブ油をパンでぬぐって食べれば、ワインが進む。

ポルトガル名物の干ダラ料理も忘れてはいけない。ほぐしたタラを団子にして揚げた「パステージ・ド・バカヤオ」。一日以上かけて柔らかくもどしたぶ厚い干ダラを、フライドポテトと一緒にグラタンにした「バカヤオ・ア・ベイラオ」。タラをいったん陽に干して、それをまたもどすという手間で、こんなにも風味が増すことに、いつもすっかり感心させられてしまう。

　真打ちは、マリネした豚肉とアサリ、フライドポテトを炒めあわせた「アレンテージョ風豚肉」。豚肉とアサリなんて意表をつく組みあわせだが、相性は抜群。こってりと濃い味わいがまさにポルトガル風だ。ただしすごい量だから、一人でこの皿に挑戦するのはちょっと大胆かもしれない。全体にポルトガル料理はボリュームたっぷりなので、自信のない人は焼魚を食べるのが賢明だ。

　ぶ厚いメニューには料理のカラー写真、ポルトガル語の料理名、料理に合うワインなどの細かい説明がひとつずつついていて、とてもわかりやすい。

　こうしてゆっくりのんびりと英気を養って、のみの市の午後の部に再突入！です。

Palourdes à Bulhão Pato……8.40ユーロ
アサリの炒めもの

Pastéis de Bacalhau(Beignet de Morue)……5.34ユーロ
干ダラの揚げ団子（パステージ・ド・バカヤオ）

Bacalhau à Beirão……13ユーロ
干ダラのグラタン（バカヤオ・ア・ベイラオ）

Carne de Porco à Alentejana……13ユーロ
アレンテージョ風豚肉

Marisqueira O Beirão
11, rue Lecuyer 93400 Saint-Ouen
☎01・40・11・35・56
ⓂPORTE DE CLIGNANCOURT
㊒8時30分（土、日は10時）～24時
㊡月、8月
予算：アラカルト20ユーロ～

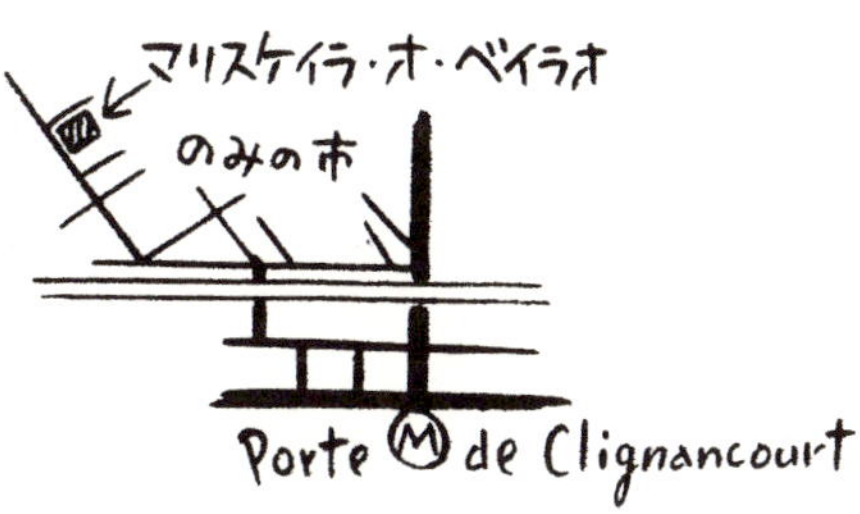

モロッコ料理はクスクスだけじゃなかった

ル・タンジェ　Le Tanger

最近、クスクスをほとんど外で食べなくなってしまった。

一時はおいしいクスクスを求めて東奔西走、人にも聞き、自分でもマメに食べ歩いたりしたのだけれど、努力のわりには「うわー、おいしい」というほどのものに出会うことが少ない。野菜の煮方がもの足りなかったり、スープのコクが今ひとつだったり、香料の入れ過ぎだったり、脂っぽかったり……。だいたいマグレブ・レストランの豪華クスクスというのは、クスクス自体よりも、横に添えた焼肉の盛りあわせの内容が派手になるばかりで、値段が高いからおいしい、というわけでもない。串焼きやチキンをたらふく食べるのが目的でない人間には、見当違いな豪華さなのだ。ガイドブックに載るような有名店は、たしかに味はいいのだけれど、格式張っていたり妙に派手でおしゃれだったりで、フランス・レストラン以上に気が重い。

それならちょっと手間がかかっても、羊の頸肉を買ってきて自分で作ったほうが満足できる。早めに作っていったん火を落とし、野菜がスープのうまみをたっぷり吸いこんだところで煮返してやる。これに添える唐辛子ペーストのアリサは、市場で買ってきた手作りのもの。肉は他にせいぜいメルゲーズくらい。翌日、もう野菜が溶けそうになっているころがまたおいしい。

だから、日本から来た友人が「クスクスが食べたい」というときは、我が家にまっすぐおいで願

黄色いナスのピュレ（手前）。モロッコ産のロゼがよく合う。

昼定食のクスクス・メルゲーズ（手前）と鍋焼きシュクシュカ。

う段取りになっている。友人たちはだいたい肉よりも野菜好きが多いから、ニンジンやクルジェットのゴロゴロ入ったさっぱり味のクスクスは好評だ。

そんなことで、マグレブ・レストランで食事をする機会もこのところずいぶん減っていた。ところがつい最近、ここなら何度も通いたい、という店が偶然また1軒見つかったのだ。それはクリシー広場からすぐの、ホコリっぽい大通りに面したモロッコ料理屋「ル・タンジェ」だ。

クリシー広場といえば、過去に文化人のたまり場だった時代もあるけれど、今は典型的な場末の盛り場で、東京でいうなら池袋か日暮里か。あまりあかぬけない雑然とした感じの繁華街。それに続くバティニョール大通りも、幅が広いだけの殺風景な道路だ。

「ル・タンジェ」はそんな街角にみごとに溶けこんだ、じつにパッとしない店だった。日よけは風雨に汚れ、軒は低く、おまけに側面の壁を工事しているのでベニヤ板が打ちつけてある。最初に見たときは、てっきりここは潰れているのかと思ったほどだ。

ところが、期待もせずに入って食べた料理が、思わず座り直すくらいおいしかった。そして安い。こういう意外な展開はアジアの食堂にはしばしばあるけれど、パリではかなり珍しい。

トマトや赤・緑のピーマンを細かく刻んだ「シラダ」というモロッコのサラダが出てくる。「ザールク」というのはナスのピュレで、ターメリックで黄色に染められ、ピリッと辛い。どちらもオリーブ油のきいた、モロッコらしい香りのいい前菜だ。昼定食に出てきたクスクスは、メルゲーズ2本と野菜とクスクス粒が皿にすでに盛られていて、スープが別のボウルでついてくる。「給食みたいな盛りつけだ」なんていう文句は、一口食べたとたんに引っこんでしまう。ふっくらと煮えた大きなヒヨコ豆、メルゲーズの焼きかげん、柔らかくもどした干しブドウ、すべて文句なしである。

でももっと驚いたのは、初めて味わった「シュクシュカ」というモロッコのラタトゥイユのおいしさだ。タジーヌ鍋のような蓋つきの土鍋に野菜の煮こみがグツグツと煮え立っていて、メルゲーズがのり、卵でとじてある。バスク地方のピペラードにもそっくりだ。香りはさすがにマグレブのものだが、熱々の野菜と卵の相性のよさ、味の深さ。しかもこれらを昼定食で食べると、前菜、メイン、デザートで11・50ユーロである。デザートの菓子類も工夫があってしつこくないし、食後のミントティーはちゃんと銀のポットで本格的に供される。

この造花と色ガラスに囲まれた安っぽい喫茶店みたいな場所で、こんな満ちたりた食事ができる意外さ、愉快さはなかなかのもの。他にもいろいろおいしい料理が発見できそうなのも頼もしい。もちろん「コキタナイ店はイヤダワ」というお上品な方々にはお勧めできません。

11.50ユーロの昼定食

Zaalouk
ザールク(ナスのピュレ)

Choukchouka
シュクシュカ(モロッコ風野菜の煮こみ)

Patisserie Marocaine
モロッコのクレープ菓子

Le Tanger
16, boulevard des Batignolles 75017
☎01・43・87・69・34
ⓂPLACE CLICHY
㋖12時〜15時、19時〜23時30分
㋭8月
予算:アラカルト25ユーロ〜

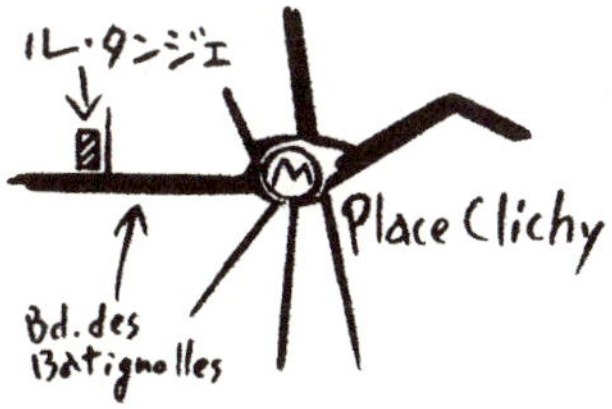

象牙海岸から運ばれたヤシ酒を味わう

アフリカン・グリル　African Grill

我が家のすぐ近くの団地のショッピングセンターには、中国・アフリカ系の食料品店が1軒あって、ショウガや胡麻油が切れたときなど、ちょっと走って買いに行ける。ついでに新鮮なオクラを買ったり、トロピカルフルーツのジャムを物色したり、けっこう興味津々で買物をしてしまう。フランスのふつうのスーパーとはまったく違う品ぞろえが、異国的で新鮮だ。

パリでも、北駅からさらに北へ行ったポワソニエール通りあたりは、アフリカ人向けの野菜や果物、魚を商う店が延々と並んで、アフリカ横町とでも呼びたいような独特の雰囲気がある。しかし歩いているのも買物しているのも、ほとんどは肌の色の黒い人たちだから、用もなく冷やかし半分の東洋人の存在は人目を引いて、いささか居心地が悪い。安くておいしそうなレストランもあるのだけれど、さすがの私も気おくれしてしまって、一人では飛びこむ勇気が出ない。中華街に初めて食事に来るフランス人なんかも、きっとこんな気持ちを味わうのだろうな。

せっかく近所で材料が手に入るのだし、もう少しアフリカ料理を知りたいものだとひそかに思っていたとき、サンドニ門からそう遠くない裏通りに、明るくて入りやすそうなアフリカ・レストランがあるのを見つけた。あたりは中小企業の事務所やガレージが密集していて、フランス人もインド人もアラブ人もごった混ぜの地域。騒音が絶えず、雑然とほこりっぽい通りの中で、この「アフ

ライムの香りがさわやかなヤサ。ワインのグラスの隣にある乳白色の液体がヤシ酒です。

壁にはアフリカのアーティストの作品が並ぶ。

リカン・グリル」の緑の看板だけが場違いにすっきりとしている。

昼の定食はデザートまで入れて3品でなんと9ユーロ。前菜もメインも日替わりで、かならずアフリカ料理1品、フランス料理1品という構成だから、社員食堂代わりに毎日通ってくる近所のサラリーマンたちも困らない。もちろん私はアフリカ・メニューを選びますが。

定食の値段が安いぶん、ほとんどの客がアペリティフに色鮮やかな南国のカクテルやジュースを頼んでいる。丈の長いグラスにくす玉を飾ったストローを添えて、緑やオレンジや黄色の液体が運ばれてくるときの、全員のうっとりした視線。マンゴーやショウガ、ココナッツの甘い香りが店中に漂い、会社の昼休みが一瞬にして、南海の休日に変わってしまう。

いつもはワイン一本やりの私も、郷に入れば郷に従え、で「ヤシのワイン」なるものを試してみた。小さなカラフに入った乳白色のヤシ酒は、発酵して舌に軽い刺激があり、シュークルートか聖護院スグキみたいなオシンコ臭さが、飲むにつれてどんどん親しみのある味になってゆく。アルコール度は3度しかない、という話だったけれど、けっこう酔い心地になるのは、ドブロク風な作りのせいだろうか。前菜の鶏入り揚げボールも、つまみにぴったりのスパイシーな味。

メインは鶏をライムでマリネして、一度焼いてから煮こんだ「ヤサ」だった。玉ネギの甘味とライムの酸味が鶏肉にからんで、さっぱりとしているのにコクがある。付けあわせの白い米にソースを混ぜ、青い唐辛子のピュレもほんの少々。アフリカの人たちの真似をして、卓上に置いてあるマギーソースをさっとかけると、醤油に似たいい香りで食欲がさらに増す。

「ヤサ」はセネガル料理だと思っていたが、ご主人のコヤテ氏と話したら、彼はもっと南のコート・ディボワール（象牙海岸）出身だった。集まってくる客もほとんどが同郷人らしい。

いつも笑い声を立て、陽気でくったくなく見えるアフリカの人たちだけれど、われわれ外国人には区別がつかなくても、国や部族によって住む場所もつきあいもはっきりと分かれ、異なる部族間の交流はあまりないようだ。週末の金曜、土曜はそれぞれの仲間で集まって、お国の料理をつまみながら夜ふけまで踊り続けるのだろう。「アフリカン・グリル」で見かけた象牙海岸の人たちは、みなすっきりと洗練されたものごしで、フランス社会にしっかりと根を下ろしているように見えた。

デザートのココナツケーキを食べていたら、使いこんだ白いテーブルクロスに小さく赤と黄の刺繍があしらってあるのに気がついた。洗いざらしの地にも複雑な織模様があって、とても優雅。香りのいい鶏料理やひなびたヤシ酒、手のかかった布地の向こうに、豊かな象牙海岸の暮らしが浮かび上がってくる。アフリカがほんの少しだけれど、近づいてくる……。

9ユーロの昼定食

Beignet de poulet
鶏入り揚げボール

Yassa
ヤサ（鶏のライム風味煮こみ）

Gâteau aux noix de coco
ココナツケーキ

African Grill
27, rue d'Enghien 75010
☎01・44・79・02・02
ⓂBONNE NOUVELLE
㊫12時〜14時30分、19時〜24時（金・土は翌午前1時）
㊡日
予算：アラカルト25ユーロ〜

ビエーヴル通りのアルメニア料理店

ヴァルタン　Vartan

車や観光客で混みあうサンジェルマン大通りも、５区のモベール・ミュチュアリテ広場を過ぎると人通りが減って、地元の人がのんびりと普段着で歩いている気楽な並木通りになる。広場の少し先に、セーヌ河岸に向けて延びる細い路地の入口がある。

このあたりは古いパリの町並みがそのまま残る地区で、路地には傾いたアパルトマンが両側から迫り、その間を道が小川のようにうねって続いている。じっさい中世のころは、このビエーヴル通りの脇に排水用のドブ川も流れていたらしく、資料によれば、両脇の建物から川めがけて投げ捨てられるゴミや汚物で、いつも息が詰まるほどの臭さだったとか。当時この路地に集まる人間も、酔っぱらいに屑物屋、物ごいといった怪しげな面々で、１９５０年代までは、この通りはまさにドブ板横町といった様相を呈していたらしい。

50年代以降になると、この地区は急に高級住宅地化する。政治家たちが好んで住み、とくに故ミッテラン大統領の私邸があったものだから、彼の長い在職中、この路地の入口にはいつも護衛の警官が立って人の出入りをチェックしていた。ドブ板横町変じてパリでいちばん安全な道、というわけだ。なぜかこの通り沿いにはクスクス料理屋が多く、私もモベール・ミュチュアリテの中国食品店で買物をしたあと、笑顔のお巡《まわ》りさんを横目で見ながらよくクスクスを食べに行ったものだ。

エジプト豆のピュレ（手前）と白インゲンのサラダ「ピラキ」。

ムサカ（手前）とイカのファルシ。どちらも米と野菜サラダ添え。

大統領が亡くなり、今はもう警官の姿も見られなくなってしまったこの路地で、じつはずいぶん前からいつも気にかかっているレストランが1軒あった。

大通りから少し引っこんだ路地の入口の、二つの建物の角にへばりつくようにして、小さなテラスが突きだしている。色とりどりのゼラニウムの鉢で飾られ、あせた日よけの陰にはピンクと緑のネオンサインもまたたいて、パリにしてはずいぶん田舎っぽい風情がかえって魅力的だ。ネオンの文字は「ヴァルタン」と読める。壁に貼ってある昼の定食も安そうだし、一度ぜひ入ってみなくちゃ、と思いながら長いあいだ横を通り過ぎるだけで終わっていた。

夏休みが始まってすぐのある晴れた日、例によってクスクスでも食べようかとビエーヴル通りまで来て、陽射しにあふれた花いっぱいのテラスを見たとき、ふっと心が決まった。道から一段高くなった板張りのテラスには、まだ先客はいない。

メニューを見てすぐ、ここが珍しいアルメニア料理のレストランだということがわかった。アルメニア料理はトルコ、ギリシア料理に限りなく近いが、この店にはロシア風のスモークサーモンなどもあって、ユダヤ料理と共通したところもある。13ユーロの昼定食の中から、「ウモス」というエジプト豆のピュレを前菜に選んだ。レバノンなどでも食べられているポピュラーなお惣菜だが、胡麻油の香りが強く、これを食べるといつも胡麻豆腐を思いだす。メインは「イカのファルシ」。イカ飯みたいに胴体に具を詰めたものを想像していたら、輪切りのイカをピーマン、玉ネギと一緒にトマト味で柔らかく煮こんだ、地中海風の料理が登場した。これはつけあわせのバターライスとひき割り小麦を混ぜて食べる。トルコ料理と同じで、味つけが微妙に東洋的で親しみやすい。夫の頼んだ「ムサカ」も油の強いギリシア風ではなく、牛ひき肉とナス、ホワイトソースがきれいに3段重ねになった優しい味のものだった。

20世紀のはじめ、オスマン・トルコの虐殺を逃れて30万人にのぼるアルメニア人がフランスに入ってきて以来、アルメニア人はこの国に同化し、ほとんどフランス人扱いされて暮らしてきた。歌手のシャルル・アズナブールをはじめ、スポーツ選手、政治家など各界で活躍する人物も多い。私が住んでいたアントニー市の市長もアルメニア系フランス人だ。パリにアルメニア料理店が少ないのは、彼らがまずこの国に同化しようとしたことのしるしなのかもしれない。

けっして愛想が悪いというのではないけれどひたすら無口な給仕のおじさんの運んできた、濃いトルコ風コーヒーを飲む。テラスの向かいはクスクス料理店、その横は中国料理店だ。細いビエーヴル通りを見下ろすテラスから、世界のはじっこがかいま見える。

10.50ユーロの昼定食

Houmous
ウモス（エジプト豆のピュレ）

Calamars farcis
イカのファルシ

Baklava
バクラヴァ（蜂蜜菓子）

Vartan
33, rue de Bièvre/52, boulevard Saint-Germain 75005
☎01・43・26・20・68
ⓂMAUBERT-MUTUALITÉ
㊮12時～15時、18時～23時
年中無休
予算：定食15ユーロ、18ユーロ、20ユーロ、アラカルト23ユーロ～

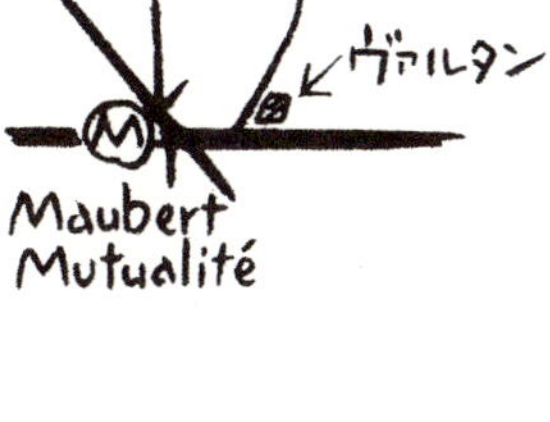

ボヘミア風子羊とスイトンのスープ

ル・パプリカ　Le Paprika

ウィーン旅行のついでにハンガリーまで足をのばして、ブダペストの建築や温泉を見てきたことがある。まだ、旧ソ連が崩壊する前のことだ。季節は春で、汽車の窓から見える薄緑の林のそこかしこに、ボーッと白く桃の花が群れ咲いていた。

旅行の目的はむしろウィーンだったのに、ピカピカと新しく修復され、物価の高いウィーンよりも、黒ずんだ古い建物の連なるブダペストの街並みのほうがずっと強く印象に残ってしまった。直線の多い、知的な印象のウィーン分離派の建築とくらべると、ハンガリーの世紀末建築はずいぶん情緒的で過剰であるのもおもしろかった。それに何よりも、街をさんざん歩いて疲れたところで適当に入るレストランがみな、おいしく安かった記憶がある。

パプリカが大量に入った牛肉の煮込み「グラッシュ」、子牛や鶏のカツレツ、スイトンのような団子の煮込み。どれもオーストリアにもハンガリーにもある料理だけれど、味を比較するとたいていハンガリーに軍配が上がってしまう。観光ずれしていない、地味で家庭的な雰囲気のレストランが多かったという気がするのは、たまたま運がよかっただけだろうか。

名物のパプリカの粉末を買って帰り、さっそくグラッシュを作った。今まで使っていた瓶入りのパプリカと同じものとは思えないほどの芳香。賞味期限が1カ月というのはちょっと短いと思った

さっぱりした子羊のスープ。エストラゴンと羊って相性がいい。

彩りのきれいな黄ピーマンのファルシ（手前）と鴨のオレンジ煮。

が、たしかに香りがどんどん変化していくのがわかった。その後ずいぶんいろいろな店を探したけれど、残念ながらフランスではあの香り高いパプリカを手に入れることはできない。

1956年のハンガリー動乱ではたくさんのハンガリー人がフランスに難を逃れてきたという。それからもう半世紀近くたった今、パリの街ではハンガリー人もハンガリー・レストランもあまり目につかない。ブダペストで食べたグラッシュや鶏カツをもう一度食べたいと思う一心で、ガイドブックなどを探しまくってやっと見つけた1軒が、サンジョルジュ広場の少し北、トルデーヌ通りにある「ル・パプリカ」である。

山小屋風の田舎っぽい店を想像して行ったのに、「ル・パプリカ」は20世紀初めの瀟洒《しょうしゃ》な建物に糊のきいたクロスのかかったテーブルが並ぶ、都会的な店だった。ふち飾りのある高い天井には花型のシャンデリアが下がり、漆喰の壁には絵皿や版画が飾られている。アーチのついた廊下の奥からは、銀の蓋に覆われた料理が運ばれてくる。サロンにはグランドピアノまである。ここでツィガーヌのバイオリン演奏がある夕べは、まるで第一次大戦前、オーストリア・ハンガリー帝国時代の最盛期のブダペストにいるような錯覚を起こすことだろう。

料理も、私がブダペストで食べたものよりずっと洗練されている。香料入りのひき肉を細長い黄色のピーマンに詰めたファルシ。トマトソースの赤にピーマンの黄の、彩りのよさ。小鴨のオレンジ煮には鮮やかな橙々《だいだい》色のソースが敷かれていて、トロッとジャムのように甘い。そういえば、私は味わったことがないけれど、ハンガリーには「サクランボのスープ」という名物料理もあるそうだから、果物を料理に使うことがかなり多いのかもしれない。

でも私がいちばん感激したのは、前菜に出てきた「子羊のスープ」だ。脂をすっかり除いた澄んだスープの中に、羊肉の細片とブロッコリやインゲンの緑野菜、そしてスイトンかニョッキみたいな小麦の団子が沈んでいる。スプーンを口に運ぶと、軽い酸味があって、エストラゴンの強い香りが羊の匂いに混じる。異国的な、とても東洋的な香り。はるか昔、ドナウの岸辺にたどり着いたマジャール族の天幕には、こんな匂いが漂っていたんじゃないだろうか。

デザートの、柔らかな白チーズを詰めた包み揚げもハンガリー独特のもので、軽く食べやすい。昼の定食は前菜からデザートまで3品で12・96ユーロ。ただし週末は15・24ユーロになるので注意して。店が混んでくるとサービスがかなり遅めになるけれど、イライラせずにトカイ・ワインでもゆっくりと味わいながら、のんびりとヨーロッパの東の国々に思いをはせることにしたい。

12.96ユーロの昼定食

Soupe d'agneau
子羊のスープ

Poivron farci
ピーマンのファルシ

Feuilleté de fromage blanc et citron
白チーズとレモンの包み揚げ

Le Paprika
28, avenue Trudaine 75009
☎01・44・63・02・91
ⓂANVERS, PIGALLE
㊔12時～14時30分、20時～22時
㊡日、月曜夜
予算：定食22.87ユーロ、27.44ユーロ、アラカルト39ユーロ～

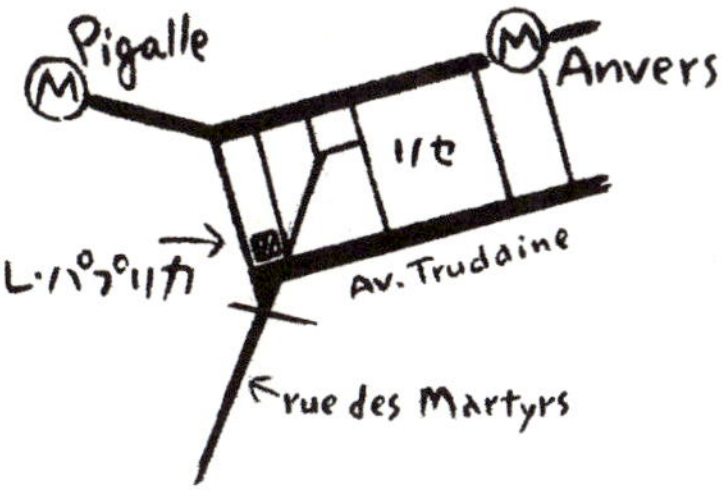

パリのタイ料理を徹底研究　その①

ラオ・シャム　*Lao Siam*

タイに行ったことがある。といっても、私が知っているのはチェンマイ郊外の、小さな村の外れにつくられた子供たちの家「バーン・ロム・サイ」のまわりだけだ。

友人が2年前から取りくんでいるエイズの孤児たちの施設に、ほんの2週間だけ給食の手伝いをしに行ったのだ。17人の子供たちの名前を覚えるのがやっとの短い滞在だったけれど、小さな手を握り、抱っこし、頬ずりして暮らした2週間は、他のどんな旅ともまったく違っていた。ああ、ここはヨーロッパじゃないんだ、と意識させる湿気たっぷりの空気。野放図《のほうず》に繁る植物。ほこりを巻きあげて走るバイクやソンテウ（乗りあい自動車）のけたたましい音。夜の闇の深さ。

観光をする暇はほとんどなかったが、食料の買い出しも仕事のうちだったから、市場にはしょっちゅう出かけた。熟れた果物のきつい匂いに屋台の焼鳥の煙が混じり、生のコリアンダーやミントの香りが漂うあのトムパイヤン市場の空気を、今もはっきりと思い出す。

施設の調理係はデンさんというまん丸に太ったタイ女性で、カボチャにココナツミルクを入れた蒸しものや、干しエビ味噌など、レストランでは食べられない家庭料理をいろいろ教えてくれた。台所の前にゴザを敷き、二人で座りこんで豆をむいたり、肉を叩いたり、下ごしらえをしていると、ブーゲンビリアの紅色の花びらがほろほろと散りかかるのだった。

辛くて酸っぱい生エビの刺身。

魚の揚げもの（左）にタイ風焼鳥（手前）。そして豪勢なパイナップルのピラフ。

タイの印象があまりにも強烈だったので、フランスに帰ってしばらくはタイ料理を作りまくり、ナンプラーの匂いが家中に漂って夫や子供たちのヒンシュクを買った。パリの街に出ると、タイレストランを探し出しては味をくらべてみた。パリでは、中国料理店がタイ・ベトナム料理の看板を同時に掲げていることが多く、こういう店ではせいぜいタイ風カレーか、炒めものくらいしか出てこない。アジアブームに乗って、おしゃれで高いタイレストラン、というのもいくつか出現しているが、インテリアが過剰に異国的でどうも気にくわなかったりする。

しばらく食べ歩きを重ねたすえ、ここなら、という店が2軒見つかった。

そのひとつが、ベルヴィルの坂道の途中にある「ラオ・シャム」だ。どんどんアジア人の街と化しているベルヴィルだけにタイ料理店もたくさんあるが、メニューの豊富さ、味のよさでは、ここがいちばんと思う。庶民的だし、シェフがラオスに近い東北地方の出なので、青いパパイヤのサラダ「ソムタム」とかもち米とか、イサーン（東北タイ）系の料理が食べられるのもいい。

この店にはなるべく大人数で行って、皿数をたくさん取るのが楽しい。

私がかならず頼むのは、刻んだニンニクをたっぷりかけた生エビの刺身（辛い！）。ソムタム。さつま揚げみたいな魚の揚げもの。それに生のパイナップルを器にした豪華なピラフだ。３人以上なら、ぜひこのパイナップルごはんを試すといい。実をくり抜いたパイナップルの中に、鶏肉、シイタケ、ラオス風腸詰を混ぜた具だくさんのピラフが詰まって、湯気を上げている。果汁がしみて甘くねっとりした味わい。これが登場すると、神輿《みこし》が出たお祭りみたいに雰囲気が盛り上がる。

ココナツミルクとカー（ショウガに似た根っこ）で調味したエビのスープは、小さなアルミの鍋に入って、火鉢で温められながらテーブルに運ばれてくる。

そういえばタイでは、アルミの大鍋がいつも大活躍していたっけ。薄っぺらで、叩けばペコンとへこんでしまうような安手の鍋だけれど、どこの家庭でも食堂でも、煮炊きに、料理の保存に、運搬に、これが使われていた。屋台にはお惣菜の入ったアルミ鍋が10個も20個も並び、客はその蓋を勝手に開けてのぞきこみながら「今日は何がおいしそうかな」と研究している。

トムパイヤン市場の屋台にくらべたら「ラオ・シャム」はずっときちんとして清潔だし、扉の外に吹いているのはひんやりと乾いたパリの風だ。それはもちろんわかっているけれど、この店の居心地のよさは、女主人のいかにもタイ女性らしい人なつこい笑顔は、まぎれもなくアジアのものだ。

ああ、またタイに行きたいな、とつくづく思う。

今度行ったら、もう帰って来ないかもしれないけれどね。

Crevettes crues à la sauce pimentée……8.50ユーロ
生エビの辛い刺身

Salade de papaye "Som Tam"……6.80ユーロ
青いパパイヤのサラダ（ソムタム）

Ananas farcis au riz…… 12ユーロ
パイナップルのピラフ

Paté de poisson frite……9.90ユーロ
魚の揚げもの

Lao Siam
49, rue de Belleville 75019
☎01･40･40･09･68
ⓂBELLEVILLE
㊪12時～15時、19時～23時30分
㊡中国の元旦
予算：アラカルト23ユーロ～

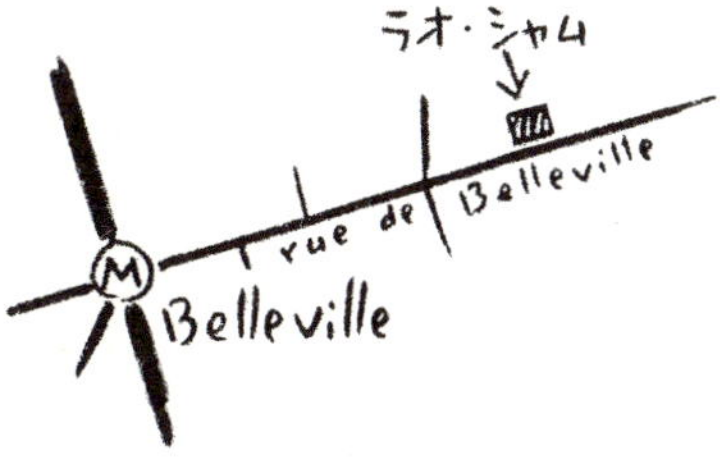

パリのタイ料理を徹底研究 その②

バーン・ボラン *Baan Boran*

パレ・ロワイヤルの廻廊にそった裏道モンパンシエ通りは、レストランのあいだに小さな劇場があったり、ブティックの入口の隣にリシュリュー通りに抜けるパッサージュや階段が隠れていたりして、急いでいるときでも思わず歩くスピードがゆるんでしまう道である。

劇場のちょうど向かいあたりに、黄色に塗られた瀟洒《しょうしゃ》なレストランが1軒。シンプルでモダンな外観のせいで、これがタイ料理レストランだと気づくには少々時間がかかる。濃い黄色で統一されたインテリア、竹を編んだランチョンマットに緑のセラドン陶器が映え、テーブルの中央にはハスの生花がゆらりと置かれて、同じタイ料理店でも庶民的で昔気質な「ラオ・シャム」にくらべると、洗練されたニューオリエンタリズムの匂いが感じられる。

そういえばチェンマイでも、一度だけこんなレストランに入ったことがある。

タイ滞在の最終日、せっかくだから少しは見物でもしようと「バーン・ロム・サイ」に早めに別れを告げ、友人の案内でチェンマイの街を歩いた。商店もレストランもない田園の中の2週間のあとで、鮮やかな布やみごとな細工の雑貨の店、大小のレストランが並ぶ都会の風景を見るのは、ちょっとした浦島太郎気分だった。それまでの反動で急に消費本能をかき立てられ、おみやげの布や籠を買いあさったのは我ながらニホン女だなァと反省したが、そんな買物のあと、今まで入ったこ

セラドン焼きの緑にスープの赤が映える。カトラリーもタイ製品。

鶏とカシューナッツの炒めもの。デザートは南国のシャーベット。

とのない都会的なすっきりしたレストランで食事をしたのだ。

モンパンシエ通りで見つけたタイ料理店「バーン・ボラン」は、店の雰囲気だけでなく、料理の味までがチェンマイのその店に似ていた。

香草の強い香りにみちたシーフード・スープ。澄まし汁のように透明で辛く酸っぱく、口中に清涼感がみなぎる。複雑で新鮮、クセがあるのにさわやか。香りのもとを探しながら銀のさじを口に運んでいると、いつの間にか器は空になり、匂いの記憶だけが幻のように残る。シャキッと歯ごたえを残した野菜炒めも、中華系のお惣菜によくあるドロドロベタベタな味つけではなく、あくまでもさっぱり味。鶏とカシューナッツの炒めものにはコブミカンの葉が大量に入っている。小さなボウルに入った牛肉のカレーは、赤唐辛子を使ったおなじみレッドカレーだが、日本のタイ料理店で出される「ひたすら激辛」タイプではなく、辛さと唐辛子の香りのバランスがいい。

メニューの紹介文には「タイの田舎料理」という風に説明されているけれど、田舎というイメージより、これは上品とか贅沢とか繊細という単語のぴったり合う料理だ。タイ料理自体が、基本的にスパイスを多用した健康料理だが、それをさらに洗練させたのがこの店の料理なのだ。

場所柄、オペラ界隈《かいわい》で働くフランス人客が多く、とくに平日の昼はデザートまでついて11・50ユーロの日替わり定食があるので、1時近くなるとほとんど満席状態。その間をぬって、ぴったり体に合った優雅なタイシルクの民族衣装の女性たちが給仕をしてまわる。

店を切りもりしているのは二人のタイ女性、ブアトングさんとクリサナさん。タイでそれぞれ料理関係の仕事についていた二人が、10年ほど前フランス男性と結婚して来仏、夫二人が共同経営者となって始めた店なのである。二人の女性がお母さんやお祖母ちゃんから教わった伝統料理、家庭料理を今によみがえらせ、さらに軽く、現代風にアレンジしたのだという。砂糖を入れず、植物油しか使わない特別低カロリーメニューも用意されている。タイ風オリエンタリズムと西欧モダンのうまくマッチしたインテリアも、これで納得できる。

　バナナの木陰に寝そべる水牛、灌漑用の運河がのびる緑の田園、金色の仏塔のタイ。贅沢な銀細工やさまざまな民族の手織りの布、ひすい色の焼きもののあるタイ。私の作った料理を「アローイ（おいしい）！」といって食べてくれた子供たちのいるタイ。

　私が2週間の滞在で得たものは、この国のほんの一部分の印象に過ぎないけれど、眼の底、舌の先にしっかりと染みついてしまって、タイ料理さえ食べれば嬉しいことにいつでもよみがえってくる。

11.50ユーロの昼定食

Soupe de fruits de mer épicée
辛いシーフード・スープ

Poulet au noix de cajou
鶏とカシューナッツの炒めもの

Sorbet Bimbo
トロピカルフルーツのシャーベット

Baan Boran
43, rue Montpensier 75001
☎01・40・15・90・45
ⓂPALAIS ROYAL
㊒12時15分～15時、19時15分～23時30分
㊡土曜昼、日
予算：アラカルト23ユーロ～

料理別索引

地域別索引

あとがき

『パリでお昼ごはん』の一冊目が出版されたのは1997年の秋でした。

それから4年と数カ月のあいだに、紹介した61軒のレストランのうちなんと11軒が閉店、またはオーナー交代してしまいました。私が取り上げるのはいつも、値段のわりに内容の充実している店、もうけは二の次でがんばっている店だったから、慢性的に景気の悪いフランスでは、持ちこたえるのがきっと難しかったのでしょう。改訂版を作らなくては、という話が持ち上がり、せっかく書き直すならいっそ全部取材し直して、新しく発見したレストランも加えた2002年版ガイドにしよう、ということになりました。今回は厳選して42軒。どうかつぶれないでほしいものです。

ところで2002年の1月1日からフランスでは、7世紀にわたって使用してきた通貨「フラン」を欧州統一通貨「ユーロ」に切り替える、という大変化がありました。レストランもパン屋もお惣菜屋も今後はユーロ表示。この本もユーロに対応するために最後までてんてこまいでした。フランス人は楽観的で「その場になればなんとかなるさ」と、事前にまったく対策をたてない。12月なかばを過ぎてもユーロ値段を決めていない店が多く、実際にユーロ表示のメニューが揃ったのは入稿直前の1月中旬でした。それもほとんどがフランの値段から機械的に換算したものなので、今後端数の切り上げ切り下げという段階をへて、値段が落ち着くのはおそらく半年くらい先でしょう。だから申しわけないけれど、この本に表示した料理の価格は目安だと思っていてください。

一冊目の「お昼ごはん」を一緒に作り、改訂版作りを進めてくれたTBSブリタニカの福川由布子さん、実際に本を作る段階でお世話になった江口絵理さん、本当にありがとう。

稲葉由紀子

著者紹介
稲葉由紀子（いなばゆきこ）
1946年生まれ。
東京教育大学卒業後、フリーのグラフィック・デザイナーとして
マガジンハウスの『アンアン』『クロワッサン』などの
雑誌のレイアウトに従事。
1987年から家族とともにフランスに住む。
著書に『幸せなフランス雑貨』（日本放送出版協会）、
『フランスおいしいもの事典』（河出書房新社）、
『パリの朝市ガイド』（文化出版局）などがある。

新《しん》・パリでお昼《ひる》ごはん

2002年 5 月 3 日　初版発行

著　者――稲葉由紀子
発行者――藤田正美
発行所――株式会社ティビーエス・ブリタニカ
〒153-8940 東京都目黒区目黒1丁目24番12号
電話　販売　　　　　(03)5436-5721
お客様相談室(03)5436-5711
振替　00110-4-131334

印刷・製本――図書印刷株式会社

ISBN 4-484-02211-7
Printed in Japan

TBSブリタニカ ● 話題の本